TOCANDO
SOLO JAZZ PIANO
UN NUEVO ENFOQUE PARA PIANISTAS CREATIVOS

JEREMY SISKIND

CON INTRODUCCIÓN
DE FRED HERSCH

Traducido por Daniel Ayala

Versión en Español editado por Julio Barreto

Versión en inglés editado por Gail Lew

Diseño por Kelly DiBernardo Rupert

Grabado por Kim Groves Brand

ISBN 978-1-7351695-4-5
© 2022 Jeremy Siskind Music Publishing
Todos los derechos reservados. Derechos de autor internacionales asegurados.

Visita a Jeremy Siskind en
www.jeremysiskind.com

CONTENIDOS

Cuando tenía 18 años y era un pianista de jazz autodidacta en mi ciudad natal de Cincinnati, Ohio a principios de la década del 70, gastaba el poco dinero que tenía en "Mole's Record Exchange". Era una tienda de discos de vinilo usados cerca de la Universidad de Cincinnati, donde me encontraba obedientemente asistiendo al Conservatorio de Música para tranquilizar a mis padres mientras todas las noches tocaba en clubes nocturnos de mala fama, aprendiendo jazz en el escenario con los grandes jazzistas locales. El dueño de la tienda tenía una consideración especial hacia mi ya que podía notar que era muy serio acerca del arte del piano jazz, de esa forma guardaba discos que consideraba que me podían gustar – o que quería que los escuche. Estos discos generalmente costaban dos o tres dólares. Aparte de esas joyas, literalmente compraba cualquier disco de piano jazz si había algún pianista en la tapa o si contaba con uno que ya había escuchado como acompañante; a todos les daba una chance. El dueño también me decía que si no me gustaba algún disco, que me lo compraba de vuelta a mitad de precio – así es que no tenía nada que perder escuchando a la mayor cantidad posible de pianistas.

Por supuesto, para ese entonces ya estaba familiarizado con los grandes nombres: Art Tatum, Erroll Garner, Oscar Peterson, Bud Powell, todos los pianistas asociados con Miles (Davis) (Wynton Kelly, Bill Evans, Red Garland y Herbie Hancock), Chick Corea, Thelonious Monk, McCoy Tyner, Ahmad Jamal y otros. Pero dentro de mi casual hábito de comprar estos discos usados, descubrí otros pianistas que eran menos conocidos: Steve Kuhn, Denny Zeitlin, Herbie Nichols, Andrew Hill, Cedar Walton y muchos otros. Y seguía descubriendo a Jaki Byard.

Jaki no era solo un acompañante en varios discos muy importantes de Charles Mingus, Eric Dolphy, Sam Rivers y muchos otros, también lideraba su grupo y era compositor en su propio forma, era un magnífico – y enciclopédico- pianista solista. Escuché que enseñaba en Boston, en el "New England Conservatory" (Conservatorio de New England), entonces me inscribí ahí en el otoño de 1975. Me introdujo a una categoría completa de grandes pianistas solistas de jazz: Earl "Fatha" Hines (personalmente su favorito), James P. Johnson, Teddy Wilson, Eubie Blake, "Fats" Waller y muchos otros. También me empecé a interesar en otras categorías de piano jazz: Hines/Ellington/Monk y Johnson/Tatum/Peterson entre ellos. Después de mudarme a Nueva York en 1977, escuché a grandes intérpretes solistas en vivo: Sir Roland Hanna, Dave McKenna, Jimmy Rowles, Ray Bryant, Ellis Larkins, George Shearing, Don Pullen; fui muy privilegiado en haber formado amistades con varios de ellos y haber pasado tiempo tocando el piano con los mismos.

En 1974, vi el Polo Norte y Sur del piano solo con Cecil Taylor y Keith Jarrett. Pero después de expandir la música que escuchaba y con el apoyo de mis mayores, decidí dedicar parte de mi tiempo en desarrollarme como pianista solista y eso significaba encontrar mi propio camino. Tiendo a ver el piano en situación de solista como un gran set de percusión con 88 notas. Por supuesto, el piano puede replicar a una big band, un cantante, una banda de choro, un vientista, y es el único instrumento que puede realizar contrapunto de voces simultáneamente. Si la corchea de la mano derecha es el platillo ride, necesita tener un pulso, sonido y toque distinto. No solo el ataque, pero también la duración de la nota y la colocación. Si un buen baterista puede diferenciar entre el pulso del platillo de Billy Higgins y Billy Hart, los grandes pianistas también serían fáciles de diferenciar para un buen estudiante de piano jazz: Ahmad Jamal, Bill Evans en sus comienzos y muchos otros. Pero de la forma en que estudié, encuentro fascinante como Duke (Ellington) o (Thelonious) Monk, sin importar el piano o la tecnología de grabación, siempre sonaron como ellos mismos a lo largo de las décadas. Esto me llevó a una investigación de años sobre el sonido del piano bajo la tutela de la excelente Sophia Rosoff, quien también trabajó con Jeremy Siskind.

He tenido muchos estudiantes a lo largo de los años y frecuentemente los he oído decir, después de tocar una pieza o dos durante nuestro primer encuentro, "Toco mucho mejor con una sección rítmica." Pero enfrentémoslo, cuando practicamos, ESTAMOS tocando piano solo, entonces sería mejor amigarse con el en sus propios términos. Aprender a tocar desde lo mas fácil hasta lo mas difícil, habiendo partes que se mueven y que tienen una función rítmica y armónica, e investigando los estilos de los grandes pianistas solistas son aspectos importantes para cualquiera que desee ser un pianista de jazz completo. Y superar el miedo de "hacerlo mal" es muy importante a tener en cuenta. Los grandes (pianistas) no consiguieron hacerse de un "sonido personal" al no tocar lo que sentían y escuchaban. La experimentación, más que el fracaso ocasional, son parte del desarrollo de un músico de jazz. Y también debe ser dicho que el "robo" es una parte importante de la ecuación. Todos tienen influencias y todos roban de otros. Ejecutamos un instrumento que tiene un repertorio de cuatro siglos de música gloriosa; se puede absorber y también "prestar" de ese repertorio. Como uno lo convierte en propio es la clave para mantenerse honesto como artista. El mundo del solo piano-jazz se encuentra en muy buenas manos con jóvenes artistas como Kris Davis, Aaron Parks, Sullivan Fortner, Dan Tepfer, Craig Taborn, Benoit Delbecq, Aaron Diehl, Gwilym Simcock y el mismo Jeremy Siskind, quienes se encuentran aportando a la tradición y haciéndola propia.

Jeremy ha hecho un magnífico trabajo organizando toda la historia del piano jazz en este libro. Es conciso pero a la vez muy amplio. Todos los conceptos importantes y estilos históricos se encuentran aquí, presentado de una forma completa y que también estimula a investigar, escuchar, experimentar y divertirse con el mundo del solo piano jazz. Es un hermoso mundo, y desde donde me encuentro, nunca pasa de moda.

Fred Hersch

Fred Hersch, Junio 2020

Los pianistas solistas de jazz tienen el asombroso potencial de expresarse a través de la música con absoluta honestidad y libertad. Sin banda o partitura que los restrinja, se encuentran limitados solamente por su propia técnica e imaginación. Mi mayor deseo es que pianistas de todos los niveles puedan hacer uso de este libro para minimizar esas limitaciones y alcanzar su más alto potencial para poder expresarse musicalmente, y a la vez seguir construyendo en la tradición de los grandes del jazz que han marcado el camino.

A pesar de que este libro presenta conceptos en un orden que posee sentido para mi, el piano como instrumento solista en jazz no es un estilo musical monolítico, tampoco es una habilidad que puede ser aprendida o enseñada en un orden sistemático. Creo que aprender a tocar piano solo es como caminar a través de un jardín de senderos que se bifurcan, donde cada sendero se bifurca a su vez en más y más posibilidades. Un sendero podría llevar al estilo tradicional de *stride piano*, otro a las baladas rubato, y aún otro a los arreglos que utilizan técnicas de la música clásica. En la interpretación, un pianista se mueve libre y frecuentemente entre muchos senderos, trazando múltiples caminos los cuales combinan diversos enfoques.

Para facilitar este viaje, he dividido el libro en cinco secciones, las cuales considero que se separan muy bien en unidades: *Stride Piano*, Técnicas Tradicionales del *Swing*, *Voicings* a dos manos, Ejecución de Baladas y Exploraciones Modernas. Te animo saltear a la sección o capítulo que te inspira en el momento, en vez de estudiar el libro en orden.

Soy muy consciente de que sería un esfuerzo fútil tratar de capturar el estilo único de artistas pioneros como Thelonious Monk, Bud Powell, Paul Bley y Cecil Taylor en un mismo libro. Verdaderamente, se podrían escribir volúmenes acerca de cada uno de estos artistas sin siquiera llegar a la superficie de su arte. Inevitablemente, he escrito un libro que favorece el estilo de pianistas que comprenden mi selección personal de grandes del piano como Hank Jones, Thelonious Monk, Bill Evans, Teddy Wilson, Oscar Peterson, Keith Jarrett, Brad Mehldau y Fred Hersch, entre otros. Espero puedan disculparme de haber alguna omisión. Ciertamente, te animo a explorar tradiciones pianísticas mas diversas de las que fueron presentadas aquí.

Por último, debido a que el jazz es a fin de cuentas un arte auditivo, escribir un libro acerca del jazz es siempre un compromiso agridulce. A pesar de que confío plenamente en toda la información contenida en este libro, debo confesar que puede ser limitado estudiar este o cualquier otro libro sin examinar profundamente las históricas grabaciones de jazz. Para ayudarte a ampliar tus estudios, al final de casi cada capítulo he listado recursos complementarios como grabaciones de temas particulares, discos enteros y otros libros. También he incluido una lista de cincuenta discos recomendados de piano solo al final del libro y de la misma forma comparto una lista de mas de quinientos discos de piano jazz en mi sitio web, www.jeremysiskind.com.

Te deseo el mejor de los éxitos en esta aventura!

Jeremy

TOCANDO SOLO JAZZ PIANO

Aunque espero que tu noción de lo que es posible en el piano crezca al leer este libro, tu nivel como pianista no mejorará solo con leer estos capítulos. La práctica es esencial para lograr un progreso sustancial.

Practicar inteligente y efectivamente es una habilidad importante. Para un músico de jazz, construir técnicas de práctica efectivas es crítico ya que practicar jazz puede ser desalentador debido a su ambigüedad. Para este propósito, comparto diez consejos para practicar *solo jazz piano*.

Diez consejos para practicar solo jazz piano:

1. El piano solista es particularmente difícil de absorber rápidamente porque tanto la creación como la ejecución de una performance solista en el piano requiere de un gran esfuerzo mental. Cuando practicas, siempre recomiendo escribir algunas versiones del concepto en el cual estás trabajando antes de empezar a improvisar en ese estilo. Aprende a tocar tus ejemplos escritos a los fines de adquirir memoria muscular y perfeccionar el estilo y la técnica antes de usar dicho concepto espontáneamente.

2. Siempre querrás practicar a un nivel el cual ejecutar un concepto es desafiante pero realizable. Si tu práctica es muy fácil, tu nivel no mejorará. Pero si es muy difícil, no podrás completar tu objetivo exitosamente. Existen cinco aspectos principales que puedes ajustar para establecer el nivel correcto para cada ejercicio:

   a. Disminuye el **tempo** si te sientes intimidado por el ejercicio. Aumenta el **tempo** si no es lo suficientemente demandante.

   b. Toca un **tema** más fácil si el ejercicio es muy difícil para aplicarlo en *"Giant Steps"*. Toca uno más difícil si el ejercicio es muy fácil para *"So What"*.

   c. Transporta el ejercicio a una tonalidad más difícil si el concepto es muy simple en Do mayor. Transporta el mismo a una tonalidad más accesible si es muy difícil en Sol-Sostenido menor.

   d. Toca **manos separadas** si tocar manos juntas es muy difícil. Luego toca manos juntas cuando te sientas listo.

   e. Aborda un **pasaje** más corto si el objetivo es muy difícil. Aborda uno más largo si es muy simple.

3. No trates de sonar bien cuando estés practicando. Si practicar es como ejercitarse, tocar para sonar bien debe ser como flexionar los músculos enfrente al espejo después de una rutina de ejercicio físico. Si pasas todo tu tiempo flexionando, nunca te pondrás en forma. Me gusta tratar de sonar lo mejor que puedo por unos minutos al final de mi sesión de práctica como premio por horas de arduo trabajo.

4. Cuando te encuentres trabajando en un nuevo concepto, te encuentras formando un nuevo hábito. Utiliza ese nuevo concepto odiosamente en cada momento que sea posible. Una vez que te encuentres absolutamente exhausto por tu concepto puedes dar un paso hacia atrás y tratar de usarlo en un contexto de buen gusto y complacencia. Solo al usar algo en demasía puedes construir un nuevo hábito.

5. A pesar de que tocar jazz no se trata de seguir reglas, practicar jazz debe significar adherirse estrictamente a algunas reglas. Si te encuentras trabajando en algún desafío o ejercicio, exígete a adoptar el estándar más alto posible para ejecutar el ejercicio. Si no eres estricto contigo mismo, simplemente te encontrarás repitiendo hábitos preexistentes en vez de expandir tus habilidades.

6. Usa pequeñas metas para medir tu progreso. Sin metas, es fácil sentir que no estás progresando haciendo que el progreso sea difícil de apreciar. Puedes elegir un objetivo en tu interpretación, como ejecutar un pasaje sin errores a un cierto *tempo*, o un objetivo basado en un tiempo determinado, como ejecutar un ejercicio en particular por un período de veinte minutos. Siempre utilizo un temporizador cuando practico y recomiendo practicar conceptos hasta el punto de aburrimiento porque, en mi experiencia, ese es el punto en el que muchas veces los músicos extienden su creatividad.

7. Practica e involúcrate en todos los niveles al escuchar. Estas son algunas formas de escuchar que sugiero, en orden de intensidad:

    a. escuchar **como música de fondo** cuando te encuentras haciendo otra tarea.

    b. escucha atentamente, a lo mejor **con los ojos cerrados** o en un lugar oscuro.

    c. escucha el mismo tema o grabación repetidamente **con un objetivo específico**, por ejemplo, concentrándote en la mano izquierda, el pedal o la articulación.

    d. escuchar **con tu instrumento**, parando y empezando una pista para experimentar en el piano mientras te sientes inspirado.

    e. aprendiendo a **cantar** un solo.

    f. **transcribiendo una grabación** y tocándolo junto con la grabación.

Es bueno escuchar una variedad de música, pero asegúrate de que haya temas que sabes de arriba a abajo. Cuando se trata de escuchar, es muy importante hacerlo con profundidad y concentración.

8. Organiza tus sesiones de práctica en cuatro partes y realiza las cuatro partes todos los días:

    a. **Desarrollar la técnica y absorber vocabulario**: escalas, arpegios, estudios, repertorio clásico para desarrollar la técnica; transportar *licks*, *voicings*, ii-V-I, tocar melodías *bebop* para absorber vocabulario.

    b. **Estudiando repertorio**: aprender temas, encontrar *voicings* para los temas, crear arreglos, practicar aspectos de (a) sobre la forma de los temas, practicar ejercicios de improvisación sobre los temas.

    c. **Involucrarse con grabaciones:** ver los niveles del punto (7); concentrarse en (d) hasta (f)

    d. **Ser creativo:** componer, arreglar, aprender sobre la historia de la música, experimentar con un instrumento diferente y tocar con amigos.

Si realizas esta sesión de práctica correctamente, nunca tendrás escasez de material para practicar. El material que aprendes cuando te involucras con grabaciones del punto (c) se convertirá en material de práctica al absorber vocabulario para el punto (a), el cual lo aplicarás para luego trabajar sobre temas para el punto (b).

9. Solo estudia con material que te inspira. Como inviertes tus sesiones de práctica se convertirá en los cimientos de quien serás como artista. Mientras que hay mucho valor en aprender ciertas habilidades simplemente porque forman parte de la tradición del jazz o son ventajosos profesionalmente, recuerda que todos los grandes músicos de jazz son pioneros. Todos forjaron su propio camino para lograr una identidad musical única. Debes balancear el respeto por la tradición con hacer la música que deseas.

10. Compone y arregla a menudo. Cuando descubres un sonido que te gusta, compone un tema usando ese sonido. Cuando descubres un movimiento armónico interesante, escribe un arreglo de un tema usando ese movimiento. Si estás desafiado por alguna idea, escribe un estudio que confronta el desafío. Estos procesos creativos profundizan tu experiencia sobre cualquier concepto del cual te sientes apasionado.

Por último, ningún libro o profesor puede enseñarte jazz. Debes enseñarte a ti mismo. Si eres inteligente y aplicado durante tus sesiones de práctica, serás recompensado con crecimiento. Feliz práctica

1. FUNDAMENTOS DEL STRIDE PIANO

El **stride piano** es un estilo en el cual la mano izquierda alterna entre el rango bajo y medio de una progresión armónica. Fue el estilo preferido por pianistas de jazz solistas durante la era temprana, por eso, el *stride* es la base en la que se sustenta la tradición del *solo jazz piano*. Aunque son pocos los grandes jazzistas modernos que tocan *stride* en el estilo tradicional, la mayoría de los pianistas serios de jazz han estudiado por lo menos un poco de este estilo

Fundamentos del Ragtime

El **Ragtime** es el predecesor del *stride piano*, el cual es primariamente escrito en vez de improvisado. En el *ragtime* tradicional, se toca la fundamental en octavas en los **tiempos fuertes** (uno y tres) y los acordes, generalmente tríadas o acordes de séptima dominante en el rango medio, alrededor del Do central, en los **tiempos débiles** (dos y cuatro). El estereotípico patrón de *stride* ubica la tónica del acorde en el primer pulso y la quinta en el tercer pulso (ver ejemplo 1.1.). La alternancia entre la tónica y la quinta es muy común en estilos tradicionales como la polka europea y el *bluegrass*.

Ejemplo 1.1
Stride con alternancia entre tónica-quinta

Nótese unas cuantas cosas acerca del ejemplo de arriba:

- En el segundo compás, la quinta está ubicada en el primer pulso en lugar de la tónica. Por qué? Porque el Sol en el bajo hubiera sido repetido por dos tiempos fuertes consecutivamente, una repetición que usualmente es evitada en el *stride*.
- A veces la tónica se toca más agudo que la quinta, como en el primer compás, y a veces se toca más grave, como en el compás cuatro. Elegir cual nota será más aguda es elección del pianista, pero un factor a considerar es el rango. Si la nota más grave cae en el rango extremo del bajo, alrededor de Sol1 o más grave, ascender a la quinta sería lo más lógico mientras que si la tónica se extiende hasta el rango tenor, alrededor de Do3 o más agudo, lo contrario es correcto.
- Cuando los acordes cambian varias veces en un compás, como lo hacen en el compás tres, los pianistas generalmente tocan la tónica de cada acorde nuevo. En general, el oyente no registra del todo un acorde a menos que escuche una nota nueva en el bajo que determine el cambio de acorde.
- Las notas más graves del bajo oscilan mas o menos entre Fa1 y Fa3, y los acordes se quedan todos comprimidos alrededor del Do central.

Originalmente, el *stride* fue un intento de los pianistas de imitar bandas de viento de finales del siglo diecinueve. Las expresiones más graves del acorde imitan a las tubas y bombardinos, mientras que los altos imitan a los cornos franceses y trombones. No es muy difícil ver la conexión entre un *rag* de (Scott) Joplin y una marcha de Sousa – Joplin solo agrega síncopas!

Agregando Color

Los grandes pianistas de *stride* de la tradición jazzística agregaban más color tanto al rango grave y agudo del acorde.

Los pianistas de jazz frecuentemente agregan una segunda nota al rango grave del acorde para solidificar la armonía. La armonización más común es la **décima**, una octava más una tercera, arriba de la tónica (ver ejemplo 1.2). Otras armonizaciones comunes incluyen la séptima, la novena, la quinta y sexta.

Ejemplo 1.2
Stride agregando color en los tiempos fuertes

Algunas veces, los pianistas agregan notas en los tiempos fuertes para crear acordes de tres o cuatro notas (ver ejemplo 1.3). Usar acordes más completos es particularmente común en tempos más lentos, donde hay más tiempo de ejecutar un *voicing* más grande de tres o cuatro notas.

Ejemplo 1.3
Stride con acordes en los tiempos fuertes

En el ejemplo de arriba, el primer acorde del último compás es intencionalmente limitado a dos notas. La razón tiene que ver con los **límites de intervalos bajos,** el concepto es que cuando los pianistas tocan en un rango bajo, pocos intervalos suenan armoniosos. Intervalos que son muy graves suelen ser caracterizados como "borrosos." Dado que el La se encuentra en un rango muy bajo del piano, agregar muchas notas para armonizarlo resultaría en un sonido borroso. Los límites de intervalos bajos pueden variar ligeramente basado en el piano, pero en general, corresponden al gráfico del ejemplo 1.4.

Ejemplo 1.4
Límites de Intervalos bajos

Mientras que la tradición del *ragtime* usa mayormente tríadas básicas y acordes de séptima dominante para expresiones más altas del acorde, los pianistas de jazz crean típicamente *voicings* más densos y coloridos. El *voicing* de jazz típico destaca los dos **grados esenciales** de la armonía jazz, la tercera y la séptima, y agrega **extensiones (notas de color)**, como la quinta, novena, trecena y para acordes menores, la oncena (ver ejemplo 1.5).

Para acordes dominantes, los pianistas también agregan **notas alteradas**, notas un semitono de distancia de la quinta o novena, como la quinta bemol o novena sostenido. Dependiendo de la tonalidad y de como resuelven, los músicos de jazz a veces llaman a la quinta bemol como oncena sostenido y a la quinta sostenido como trecena bemol. Estas notas son **enarmónicamente equivalentes**, el cual significa que son las misma notas en el piano, solamente con nombres diferentes.

La cantidad de notas en estos *voicings* varían dependiendo del estilo y el tempo, desde una sola nota para un enfoque más minimalista hasta cinco o seis notas para un acorde más denso. Los *voicings* más comunes tienen tres o cuatro notas.

Ejemplo 1.5
Stride con voicings de *jazz* en los tiempos débiles

La conducción de voces (**Voice leading**) es la consideración de melodías lineares dentro de un movimiento armónico. Los mejores músicos priorizan un *voice leading* fluido, la creación de fuertes conexiones por grados conjuntos en melodías lineares, entre sus principales consideraciones musicales. Un *voice leading* fluido organiza las tensiones y resoluciones armónicas para que puedan ser escuchadas con claridad.

Nótese que las notas en forma de diamante en el ejemplo 1.6 se mueven por tonos, semitonos o se mantienen igual de un acorde al siguiente. La melodía que se mueve por grados conjuntos en los tiempos fuertes crea un buen *voice leading* y enfatiza las conexiones musicales entre los acordes.

Ejemplo 1.6
Conducción de voces en *stride piano*

La **progresión dos-cinco-uno (ii-V-I)** es la mas común en jazz. Consta de los acordes de séptima diatónicos desde la segunda, quinta, y la tónica de la escala. La mayoría de los pianistas de jazz dedican porciones significantes de sus sesiones de práctica navegando a través de las progresiones dos-cinco-uno porque saben que dicha progresión se presentará frecuentemente.

El ejemplo 1.7 muestra un truco de *voice leading* para una progresión dos-cinco-uno que es comúnmente utilizado por pianistas *stride*. En este truco, el acorde dominante es tocado en segunda inversión entre el segundo grado y la tónica. En esta configuración, solo una nota cambia entre el segundo grado y la dominante y solo dos notas cambian entre la dominante y la tónica. El ejemplo más abajo presenta el concepto general con acordes en bloque y tres patrones de *stride* en negras basados en esta fórmula. Cada una de estas variaciones son muy buenos ejercicios para practicar en todos los tonos.

concepto

tónica,   quinta,   tónica,
séptima,   tercera,   séptima.
tercera   séptima   tercera

Stride con variación 1

Stride con variación 2

Stride con variación 3

Walking en Décimas

El *Ragtime*, como música de banda de comienzos de siglo, se constituye generalmente en un compás de cuatro-cuartos con un **feeling** de dos, el cual significa que el bajo toca dos veces por compás (dos blancas). En *stride piano* jazz, a los pianistas les gusta combinar elementos en *feeling* de cuatro, también conocido como **walking bass,** con cuatro negras en el bajo por compás. Los *walking* en décimas, en el cual el pianista agrega una décima encima del *walking bass*, son usados frecuentemente en *stride piano* (ver ejemplo 1.8). El *walking* en décimas crea conexiones por grados conjuntos más fuertes entre las notas del bajo. Aunque los pasajes con *walking* en décimas pueden durar tanto tiempo como el pianista desee, éstos duran comúnmente tres o cinco tiempos ya que son usualmente conectados entre tiempos fuertes.

Ejemplo 1.8
Walking en décimas

walking en décimas ———————
(cinco tiempos)

walking
en décimas
(tres tiempos)

Los llamados **walk up o walk down** son dos patrones de bajo que crean conexiones por grados conjuntos entre acordes que se mueven por el círculo de quintas. El **círculo de quintas** es el movimiento mas común en armonía Occidental, en el cual la tónica se mueve una quinta descendente o una cuarta ascendente. La progresión dos-cinco-uno es una de las tantas progresiones en la tradición jazzística que se mueve en círculo de quintas.

Para crear un *walk up*, asciende un tono y tres semitonos sin importar si el acorde es mayor, menor o dominante. Para crear un *walk down*, desciende usando la escala o modo del acorde hasta alcanzar la tónica del siguiente acorde (ver ejemplo 1.9). El *walk up* y *walk down* debe ser dominado en todas las tonalidades.

Ejemplo 1.9
Walk up y *walk down*

Cuando creamos *walking* en décimas para estas líneas de bajo, siempre empieza con la tercera apropiada para el acorde en el primer tiempo. Para el *walk down*, elige notas de la escala o modo del acorde actual, para la nota más alta. Para el *walk up*, una décima menor es necesario en el segundo tiempo, pero las notas del bajo en el tercer y cuarto tiempo pueden ser armonizados con décimas mayores o menores.

Ejemplo 1.10
Walk up y *walk down* con décimas por encima

CONSEJOS DE JEREMY-
TOCAR INTERVALOS GRANDES CON MANOS CHICAS

A pesar de que muchos de los grandes pianistas de jazz presumían de grandes manos, ha habido grandes sin la habilidad de poder alcanzar una décima. Personalmente, puedo alcanzar décimas cómodamente, algunas con dificultad, y algunas están completamente fuera de mi alcance.

Para bien o para mal, las décimas son una parte no negociable del solo piano jazz e intervalos grandes serán usados en ejemplos a través de este libro. Los pianistas con manos pequeñas no deben desesperarse! Los *voicings* amplios puede ser tocados arpegiando los acordes rápidamente.

Cuando algún intervalo se encuentra fuera de alcance, puedes arpegiar el intervalo ubicando la nota más baja antes del pulso (ver ejemplo 1.11). Al usar pedal, es importante capturar las dos notas en el pedal para que la armonía se sostenga. Muchos pianistas que son nuevos arpegiando inconscientemente tratan de mantener la nota más baja- no lo hagas! Déjalo ir y llega a la nota más alta lo más rápido posible.

Ejemplo 1.11
Décimas quebradas

En general, los acordes son arpegiados hacia arriba empezando con el bajo, con la nota más alta cayendo en el pulso. Sin embargo, siéntete libre de explorar diferentes combinaciones de ritmo y dirección de arpegio Algunos pianistas eligen arpegiar hacia abajo o empiezan el arpegiado de acordes en el pulso en lugar de terminar en el pulso. Los pianistas también pueden experimentar tocando las dos notas juntas más altas de un acorde de tres notas seguido de la nota del bajo. (ver ejemplo 1.12). Independientemente, los acordes deben ser rítmicos y rápidos con alguna parte del acorde cayendo precisamente en el pulso para evitar un acompañamiento descuidado y rítmicamente ambiguo.

Ejemplo 1.12
Arpegiando acordes de tres notas

Con todas estas posibles variaciones, usar arpegios para tocar intervalos grandes puede ser usado en favor del pianista. Los arpegios pueden definir o acentuar el estilo de un pianista y crear variedad en un formato *stride*.

Para un estudio más profundo

Byard, Jaki. "When Lights are Low." *Parisian Solos*. Future, 1971.
Johnson, James P. *The Original James P. Johnson, 1942-1945: Piano Solos*. Smithsonian, 1996.
Monk, Thelonious. "Dinah." *Solo Monk*. Columbia, 1965.
Tatum, Art. *Piano Starts Here*. Columbia, 1968.
Wilson, Teddy. *Solo Piano: The Keynote Transcriptions*. Storyville, 1997.

Modificar apenas leves aspectos de la estructura del *stride piano* expande ampliamente las posibilidades de como tocar piano solo.

Agregando Skip Beats y manteniendo notas

Una manera de adornar el *stride piano* es incluir **skip beats,** notas en los tiempos débiles que llevan al siguiente tiempo fuerte. Debido a que las corcheas sincopadas son el esqueleto del ritmo *swing*, estos *skip beats* profundizan el sentido del *swing* en el acompañamiento. En algunos casos, los *skip beats* anticipan la nota del siguiente acorde y son sostenidas durante todo el resto de la duración del acorde. Mantener los saltos de ritmo, el cual puede arrastrarse hasta cualquier pulso en el compás, pueden anticipar la nota más baja, alta o alguna otra nota dentro del acorde (ver ejemplo 2.1).

Ejemplo 2.1
Manteniendo *Skip Beats*

Los *Skip Beats* también puede llevar a alguna nota del siguiente acorde ya sea por tonos, **cromáticamente**, por semitonos o **diatónicamente**, usando la escala del acorde (ver ejemplo 2.2). Generalmente, estos *skip beats* anticipan la expresión más baja del acorde llevándolo a la nota del bajo, aunque también otros usos son posibles. Es común usar solo un *skip beat*, pero ocasionalmente el pianista usaría dos, creando tresillos de corchea.

Ejemplo 2.2
*Skip Beat*s que llevan a notas del siguiente acorde.

Los acordes también pueden ser parte de los *skip beats*. El pianista puede repetir el acorde previo para crear un *skip beat* o puede crear un nuevo acorde al mover notas un semitono de distancia de las notas del acorde deseado. Si las notas del nuevo acorde son uniformemente movidas un semitono hacia arriba o hacia abajo de las notas del acorde deseado, las notas se moverán en la misma dirección, lo cual es llamado **movimiento paralelo** (ver ejemplo 2.3). Si algunas notas se mueven un semitono arriba del *voicing* original y otras un semitono abajo, las notas resolverán en dirección contraria, conocido como **movimiento contrario**. El concepto relacionado a *sidestepping* será desarrollado en el capítulo seis.

Ejemplo 2.3
Acordes como *skip beats*

El acompañamiento de *Peace Piece* y otros patrones de *Stride*

A pesar de que el alternar entre las expresiones más bajas del acorde en los tiempos fuertes y las expresiones más altas en los tiempos débiles forman la estructura del *stride piano*, el pianista puede elegir variar sus **patrones de stride**, y sus fórmulas para moverse entre las expresiones bajas y altas del acorde.

El acompañamiento de "*Peace Piece*", una de las variaciones más famosas, toma su nombre del patrón de acompañamiento usado por Bill Evans en su composición, "*Peace Piece*", del disco *Everybody Loves Bill Evans*. En este tema, Evans improvisa sobre un patrón (bajo-alto-alto-bajo) que se repite en lugar del típico patrón de bajo-alto-bajo-alto (ver ejemplo 2.4). Además de "*Peace Piece*", varias otras conocidas interpretaciones usan este estilo de acompañamiento incluido la versión de Evans "*Some Other Time*" y el arreglo de Hank Jones sobre "*The Very Thought of You*".

Ejemplo 2.4
El acompañamiento de *Peace Piece*

Por supuesto, existen muchas otras posibilidades para patrones de *stride piano* en un compás de cuatro-cuartos (ver ejemplo 2.5). Éstas son algunas variaciones comunes:

1. Peace Piece **a la Inversa**, alto-bajo-bajo-alto

2. Stride **a la Inversa**, alto-bajo-alto-bajo

3. **Silencio en el primer tiempo**, una técnica especialmente utilizada en *stride* rápidos que regala una sorpresa al oyente y da al intérprete un momento de respiro. Al agregar un silencio en el tiempo fuerte, el pianista tiene tres pulsos (alto-silencio-alto) en el cual no es necesario llegar al rango bajo del piano.

4. **Tres mas tres más dos**, un patrón de ocho pulsos que consiste en dos compases de acompañamiento de vals (bajo-alto-alto) y luego un simple patrón bajo-alto.

Ejemplo 2.5
Otros patrones de *Stride*

En lugar de alternar entre expresiones altas y bajas del acorde, los pianistas pueden tocar exclusivamente en un mismo registro de manera a crear un efecto de rasgueo (ver ejemplo 2.6). Las negras repetidas en un mismo registro son frecuentemente referidas en los círculos jazzísticos como el **acompañamiento al estilo Freddie Green**, en honor al legendario guitarrista de la "*Count Basie Orchestra*" quien fuera conocido por sus rasgueos de negra. En este estilo, los pianistas podrían arpegiar los acordes para imitar el rasguido de la guitarra o tocar los acordes simultáneamente para imitar un sonido marchal del tambor. Para escuchar estos patrones usados efectivamente, escucha la versión de "*Satin Doll*" interpretada por Earl Hines del disco *Live at the New School*, donde combina el estilo de Freddie Green con *stride piano*.

Ejemplo 2.6
Acompañamiento al estilo Freddie Green

Aunque es más común ubicar las negras en los cuatro pulsos al tocar el acompañamiento al estilo Freddie Green, es posible dejar libre algunos pulsos, como lo hizo Gene Harris en su grabación de *"Lu's Blues"* (ver ejemplo 2.7).

Ejemplo 2.7 Acompañamiento al estilo Freddie Green con tiempos omitidos.

Agregando Anticipaciones

Todo esto presume que la mano izquierda se limita a tocar solo negras. **Anticipando** elementos del *stride piano*, eso significa, tocándolos una corchea más temprano, abre el camino para muchas más posibilidades. Si los acordes son anticipados en un formato bajo-alto-bajo-alto, se moverán del segundo y cuarto pulso al final del primero y final del tercero (ver ejemplo 2.8).

Ejemplo 2.8
Agregando anticipaciones a los acordes

Este acompañamiento se siente relajado y tranquilo. Para crear más movimiento, anticipa las dos expresiones más bajas del acorde, moviéndolas al final del segundo pulso y el final del cuarto, como se muestra más abajo (ver ejemplo 2.9).

Ejemplo 2.9
Agregando anticipaciones a las notas del bajo

También es posible anticipar cada pulso en el compás, moviendo el acompañamiento al tiempo débil de los cuatro pulsos (ver ejemplo 2.10). Escucha a Erroll Garner en su interpretación de *"A Smooth One"* del disco *Afternoon of an Elf* para escuchar a un pianista anticipando cada pulso.

Ejemplo 2.10
Anticipando cada tiempo

Combinar el típico *stride* con *walking* en décimas, salteando notas, variaciones de patrones *stride* y anticipaciones, no es difícil notar como el *stride piano* puede tener muchas variaciones. El ejemplo 2.11 demuestra como uno puede combinar algunos de estos conceptos por un más variado estilo *stride*.

Ejemplo 2.11
Usando *walking* en décimas, salteando notas y variaciones de patrones *stride*

Las diferentes combinaciones de bajo y acorde pueden tener muchas funciones prácticas; pueden agregar variedad musical y síncopa, también dar un descanso a la mano izquierda del pianista cuando sea necesario y ayudar a distinguir entre secciones musicales.

Los pianistas pueden usar la nota más alta del primer y tercer tiempo y la nota más baja del segundo y cuarto tiempo como notas *anchor*. Una **nota *anchor*** es una nota que el pianista puede localizar seguramente y que sirve como base para localizar notas alrededor. Usar notas *anchor* ayuda al pianista a tocar *stride* con mas intuición en lugar de basarse demasiado en la visión.

Nótese que las notas con forma de diamante en el ejemplo 2.12 son la misma o se mueven por tonos o semitonos. La proximidad de las notas *anchor* es típica en el estilo *stride*. Practica solo las notas en forma de diamante con la digitación correcta para coreografiar el movimiento íntegro de la mano izquierda sin el estrés de rellenar el resto de los *voicings*. Para un mejor dominio, toca las notas *anchor* con los ojos cerrados para practicar el *stride* sin mirar la mano izquierda.

Ejemplo 2.12
Usando notas del medio como notas *anchor*

Luego, practica tocando los tiempos uno y tres completos pero tocando solamente las notas con forma de diamante en los tiempos dos y cuatro, como se muestra en el ejemplo 2.13.

Ejemplo 2.13
Como practicar usando notas *anchor* en el medio

Practicar con notas *anchor* ayuda a incrementar la exactitud y confianza del pianista al enfocarse en las conexiones entre las expresiones más bajas y altas del acorde en lugar de la abrumante distancia que el pianista siente que debe ejecutar en el *stride piano*.

Para un estudio más profundo

Evans, Bill. "Peace Piece." *Everybody Digs Bill Evans*. Riverside, 1958.
Evans, Bill. "Some Other Time." *The Tony Bennett / Bill Evans Album*. Fantasy, 1977.
Garner, Erroll. "A Smooth One." *Afternoon of an Elf*. Mercury, 1955.
Harris, Gene. "Lu's Blues." *At Maybeck*. Concord, 1993.
Hines, Earl. *Live at the New School*. Chiaroscuro, 1973.
Jones, Hank. "The Very Thought of You." *Live at Maybeck*. Concord, 1992.
Jones, Hank. "Oh, Look at Me Now." *Live at Maybeck*. Concord, 1992.
Wilson, Teddy. *With Billie in Mind*. Chiaroscuro, 1972.

Hay más aspectos en el *stride* que tocar patrones en la mano izquierda. Este capítulo explora otros elementos que hacen único al *stride piano*.

Acordes de Séptima Disminuidas – Recurso conectivo del stride piano

Acordes de séptima disminuidas, acordes simétricos de cuatro notas formados por intervalos de terceras menores, son increíblemente útiles en piano jazz y son muy comunes en el estilo *stride*. Los pianistas frecuentemente agregan acordes disminuidos para conectar entre armonías inclusive cuando no están especificados en la partitura. Hay tres funciones de acordes disminuidos que cada pianista debería saber para tocar *stride* efectivamente.

Un **Acorde disminuido de paso** armoniza las notas del bajo cuando se mueven entre notas del modo o escala (ver ejemplo 3.1). Acordes disminuidos de paso pueden ser usados para líneas de bajo ascendentes y descendentes.

Ejemplo 3.1
Acordes disminuidos de paso

El acorde de séptima disminuida (vii°7) está basado en el séptimo grado del acorde al cual resuelve. En *stride piano*, el acorde de séptima disminuida sobre el séptimo grado y sus inversiones son usadas para resolver por tonos o semitonos al siguiente acorde o nota del bajo (ver ejemplo 3.2). Acordes de séptima disminuida a veces funcionan como acordes disminuidos de paso, como el Do sostenido séptima disminuida en el ejemplo 3.1.

Ejemplo 3.2
El acorde de séptima disminuida

Un **acorde disminuido con nota en común** es un acorde disminuido basado en la misma tónica que el acorde primario que ornamenta dicho acorde o retrasa su resolución (ver ejemplo 3.3). Este tipo de acorde agrega color y tensión a la progresión.

Ejemplo 3.3
Acorde disminuido con nota en común

Aunque los acordes en los ejemplos más arriba son nombrados con precisión técnica, los acordes disminuidos son **acordes simétricos**, cuyos patrones interválicos repiten indefinidamente. Por lo tanto, sería fácil nombrar estos acordes de acuerdo a la nota del bajo, como se muestra en el ejemplo 3.4. No te engañes, estos acordes sirven la misma función sin importar como se los nombre.

Ejemplo 3.4
Nombrando acordes disminuidos

Breaks *y Estilos de la mano derecha*

Los **breaks**, en los cuales la mano izquierda detiene el *stride* de arriba a abajo para presentar un relleno de la mano derecha, son una parte integral de la tradición *stride*. Los *breaks* permiten a la mano izquierda de los pianistas unos cuantos tiempos para descansar y al mismo tiempo permitir un despliegue más llamativo y técnico de la mano derecha. Los pianistas usan los *breaks* más comúnmente en los últimos dos compases de una sección de ocho o dieciséis compases. La mano izquierda descansa o se mantiene por toda la duración del *break*, aunque ocasionalmente podría unirse a la mano derecha para un despliegue desde arriba hacia abajo para entrar a la siguiente sección.

Existen numerosas formas de rellenar un *break*, y un verdadero estudio de este arte requeriría toda una enciclopedia. Un modelo muy útil para crear líneas en la mano derecha es tocar un *break* de tres partes que consiste de un ornamento, un arpegio y un *lead-in* (ver ejemplo 3.5):

1.   **Ornamento**: un mordente, un *enclosure*, o *lead-in* cromático para decorar la nota inicial.

2.   **Arpegio**: una especie de cascada presentando las notas del acorde a través de múltiples octavas. El arpegio puede ser unidireccional o podría tener una forma más interesante.

3.   Lead-in: un gesto musical que lleva a la música de nuevo a la melodía y a la textura *stride*.

Art Tatum y otros pianistas de *stride* frecuentemente usaban grupos de tres notas que limitan o eliminan cruces o desplazamientos transversales. La mayoría de los pianistas encuentran que es más fácil tocar líneas rápidas sin tener que reposicionar la mano después de cruzar el pulgar desde arriba o abajo (ver ejemplo 3.6). Los grupos de tres notas pueden caber igualmente en el pulso como tresillos o pueden crear **hemiolas**, grupos que no caben uniformemente en la signatura de compás, como corcheas o semicorcheas.

Ejemplo 3.6
Grupos de tres notas para *breaks*

Mientras que la mano izquierda toca un acompañamiento *stride*, la mano derecha posee más libertad para tocar melódicamente o agregar al acorde. Adicionalmente al tocar melodías de una nota a la vez, la mano derecha puede tocar octavas o armonías como terceras o sextas (ver ejemplo 3.7). Los pianistas de *stride* a menudo rellenan la estructura de una octava con notas del acorde para crear **voicings de posición cerrada**. Los *voicings* de posición cerrada serán estudiados con más detalles en el capítulo ocho.

Ejemplo 3.7
Estilos de la mano derecha

Un estilo estereotípico de la mano derecha para tocar *stride* incluye dividir un acorde de posición cerrada en su nota más alta, del medio, y más baja, y usar estas tres partes para crear ritmos de ocho notas que realzan el acorde (ver ejemplo 3.8). Típicamente, este patrón empieza con una anticipación en el tiempo fuerte en el final del segundo pulso o el final del cuarto.

Ejemplo 3.8
Estilo *stride* estereotípico de la mano derecha

Los mejores pianistas de *stride* mezclan usualmente los estilos de la mano derecha. Una forma de crear variedad en la mano derecha es pensar como un arreglador escribiendo para una *big band*. Dónde tocarían en unísono los metales? En armonías densas? Usando contrapunto? De manera a juntar inspiración para ideas en la mano derecha, escucha las grabaciones de grandes *big bands* como la de Ellington y Basie, o de la producción de los grandes arregladores, como Nelson Riddle, Benny Carter o Sammy Nestico.

Stride Piano en Tres-Cuartos

A pesar de que no es tan común como tocar en cuatro cuartos, es posible tocar *stride piano* en una métrica de tres cuartos. Una versión conocida en tres cuartos del *stride piano* es el vals, el cual tiene un patrón simple de bajo-alto-alto. El vals jazz utiliza el mismo patrón de *stride* que el vals pero anticipa el acorde en el segundo tiempo (ver ejemplo 3.9). El vals jazz tiene más síncopa y movimiento rítmico que el patrón tranquilo y tradicional del vals.

Ejemplo 3.9
El vals jazz

Un patrón *stride* de bajo-alto-bajo, en el cual la nota final del bajo dirige hacia el tiempo fuerte, es efectivo en un compás de tres-cuartos porque pone énfasis en la anticipación del primer tiempo (ver ejemplo 3.10). El segundo tiempo es frecuentemente anticipado en este patrón *stride*.

Ejemplo 3.10
El vals jazz con bajo-acorde-bajo

Nótese que en el ejemplo 3.10, la alternancia efectiva entre los ritmos del vals estándar y el vals jazz crea un patrón *stride* de dos compases. Los pianistas frecuentemente utilizan una alternancia entre patrones de tres-cuartos ya que grupos de seis pulsos crean una sensación de una frase más larga.

Una **balada en *stride piano*** es un tema interpretado en tiempo lento usando el estilo de *stride piano* en la mano izquierda. Baladas en estilo *stride* son únicas porque son usualmente ejecutadas con corcheas en *swing*, mientras que las demás baladas son tocadas con corcheas continuas. La versión de "*Ask Me Now*" de Thelonious Monk del disco *Solo Monk* y la versión de "*Body and Soul*" de Teddy Wilson del disco *With Billie in Mind* son excelentes ejemplos de baladas *stride*. Las baladas *stride* utilizan típicamente, aunque no siempre, un pedal consistente y acordes más grandes.

Cuando los pianistas tocan *stride* a un tempo más rápido, a veces tienden a facilitar la dificultad técnica inherente a la mano izquierda al elegir expresiones bajas y altas del acorde que caben en una misma posición (ver ejemplo 3.10). Para encajar estas expresiones en una misma posición de la mano, el pianista puede usar una simple nota para la expresión más baja del acorde y *voicings* de dos notas o una simple nota para la expresión más alta del acorde.

Ejemplo 3.11
Tocando *stride* a un *tempo* rápido

Para un estudio más profundo

Monk, Thelonious. "Ask Me Now." *Solo Monk.* Columbia, 1965.

Peterson, Oscar. "Someone to Watch Over Me." *My Favorite Instrument: Exclusively for My Friends.* MPS, 1968.

Sinatra, Frank. *The Nelson Riddle Years.* West End, 2007.

Tatum, Art. "Tea for Two." *Piano Starts Here.* Columbia, 1968.

Waller, Fats. "The Jitterbug Waltz." RCA Victor, 1942.

Wilson, Teddy. "Body and Soul." *With Billie in Mind.* Chiaroscuro, 1972.

Variación de pedal en Stride Piano

El pedal puede marcar toda la diferencia en una performance de *stride piano*. No existe una forma correcta de utilizar el pedal para el *stride piano*. En su lugar, el uso del pedal difiere tremendamente dependiendo del pianista, el tempo y el momento musical. Thelonious Monk casi nunca usaba el pedal cuando tocaba *stride*. Hank Jones lo utilizaba de forma muy impredecible y hasta parecía aleatorio. Kenny Barron usa el pedal para crear contraste entre diferentes secciones musicales.

Existen cuatro principios primordiales de elección del pedal para tocar *stride piano* (ver ejemplo 4.1):

1. Sin pedal

2. Conectando cada pulso

3. Conectando los tiempos fuertes con los tiempos débiles.

4. Conectando los tiempos débiles con los tiempos fuertes.

Ejemplo 4.1
Variaciones en el pedal del *stride*

Cada una de estas elecciones resultan en efectos diferentes. Mientras que omitir el pedal crea silencios en la música que puede sentirse seco y casi sarcástico, conectar cada pulso generalmente suena lujoso y rico. Conectar los tiempos fuertes suena como una marcha "al estilo Sousa" *oom-pah*, mientras que lo contrario enfatiza los contratiempos, evocando a un *groove* de estilo New Orleans.

Los grandes pianistas de *stride* combinan estilos de pedal no solo en su repertorio, pero también dentro de una sola pieza, a veces inclusive dentro un mismo compás. Los pianistas deberían familiarizarse con todas las opciones de pedaleo y practicar rotar a través de los estilos a voluntad.

Utilizando grupos de números impares

Los pianistas avanzados pueden crear tensión al usar grupos impares en la mano izquierda. El grupo más común en compases de cuatro-cuartos lo clasifica en grupos de tres o cinco (ver ejemplo 4.2). Dentro de estos grupos, existe la posibilidad de diferentes variaciones del patrón *stride*. Por ejemplo, un grupo de tres puede ser tocado con una expresión baja y dos altas del acorde, o con dos altas y una baja. Debido a que estos grupos impares no se alinearán limpiamente con los cambios de acorde, el pianista debe decidir si debe anticipar o retrasar algunos acordes o simplemente cambiar la armonía en la mitad de la agrupación.

Ejemplo 4.2
Grupos impares en *stride piano*

Los pianistas pueden combinar la agrupación de tres, cuatro y cinco para crear patrones verdaderamente impredecibles. Earl Hines es un maestro de las agrupaciones mezcladas. Escucha su versión de "*Embraceable You*", del disco *Plays Gershwin* comenzando alrededor del minuto 1:40 para escuchar sus diferentes énfasis rítmicos en un contexto *stride*. Uno de los ejemplos más convincentes de agrupaciones impares es el solo de Fred Hersch en un dúo con Nancy King sobre "*Ain't Misbehavin*" del disco *Live at the Jazz Standard*. Durante el solo de Hersch, es difícil de llevar cuenta de los pulsos en el compás de cuatro-cuartos ya que Hersch combina la métrica de sus patrones de *stride* muy fluidamente. La pianista Joanne Brackeen emplea agrupaciones impares en su versión de "*If I Were a Bell*", del disco *Popsicle Illusion* por una razón diferente. Ya que el arreglo de Brackeen está en un compás de siete-cuartos, necesita combinar la agrupación del *stride* para rellenar el compás de forma pareja.

Stride *más allá de las negras*

Los pianistas de *stride* no tienen que apegarse a las negras como única unidad rítmica. Por ejemplo, pueden ir dentro y fuera de un **double-time feel**, al tocar como si el tempo fuera el doble de rápido sin cambiar el ritmo de los acordes (ver ejemplo 4.3). En un *double-time feel*, las negras en la mano izquierda se convierten en corcheas.

Ejemplo 4.3
Double-time feel en *stride piano*

Los pianistas pueden crear hemiolas alternando entre las expresiones más bajas y altas del acorde en otras unidades rítmicas como negras con puntillo o blancas con puntillo (ver ejemplo 4.4).

Ejemplo 4.4
Hemiolas en *stride piano*

Por último, los pianistas pueden elegir tocar usando **grupillos**, una división inusual del pulso como un tresillo o quintillo, para un inesperado cambio rítmico (ver ejemplo 4.5).

Ejemplo 4.5
Grupillos en *stride piano*

Debido a que los acordes no siempre se alinearán con el comienzo de los grupillos de la mano izquierda, el pianista debe decidir si retrasar o anticipar la estructura armónica. Ocasionalmente, el pianista deberá usar poliritmias para crear una **modulación métrica,** para hacer una transición limpia hacia otro tempo u otra métrica al cambiar el valor de la negra.

Un pianista verdaderamente ambicioso puede experimentar usando agrupaciones impares al mismo tiempo que hemiolas y grupillos para crear intensamente acompañamientos *stride* sincopados. El ejemplo 4.6 muestra el estilo *stride* de la mano izquierda que combina una agrupación de tres acordes bajo-bajo-alto con una subdivisión con quintillos.

Ejemplo 4.6
Combinando grupillos y agrupaciones impares

Voces Internas

Otra oportunidad de lograr riqueza a través de complejidad en el *stride piano* es la de crear melodías entre las notas *anchor* (ver ejemplo 4.7).

Como un ejercicio introductorio, practica destacando la escala cromática entre la expresión más baja y alta del acorde. En el ejemplo 4.7, la nueva melodía es asignada con su propio pentagrama para más claridad. Asegúrate de destacar las notas cromáticas de la melodía a través del *voicing*, el arte de tocar una nota del acorde más fuerte que las otras.

Ejemplo 4.7
Creando una melodía interna al tocar *stride piano*

Existen varias maneras de incorporar este concepto en una pieza musical. Yo lo uso en mis versiones de solo-mano izquierda de "*Single Petal of a Rose*" y "*Just Squeeze Me*". El ejemplo 4.8 muestra una transcripción de los primeros cuatro compases de mi solo de *stride* en "*Single Petal of a Rose*". Para algunas de estas notas ligadas, mi mano realiza un inusual movimiento cruzado que lleva a mi segundo, tercer y cuarto dedo por encima de mi pulgar mientras que sostiene la nota de la melodía.

Las líneas melódicas internas también pueden ser usadas como contramelodías cuando la mano derecha toca la melodía principal (ejemplo 4.9). Cuando se crea una contramelodía, lo más prudente sería mantener la línea interna a una simple melodía de grados conjuntos. La melodía en el ejemplo 4.9 puede ser tocada con o sin síncopa.

Ejemplo 4.9
Formando una simple melodía interna con stride

Choro – Piano Stride Brasileño

El **choro** es un estilo brasileño análogo al *Ragtime* americano. El patrón de mano izquierda más estereotípico en el *choro* coloca las notas del bajo en los tiempos uno y tres y los acordes en los cuatro tiempos débiles (ver ejemplo 4.10). El estilo *choro* se siente típicamente jubiloso y enérgico, siendo el mismo mejor para *sambas* y temas rápidos en lugar de *bossa novas* y baladas.

Ejemplo 4.10
Acompañamiento estándar de *choro*

Los acordes del final del segundo y cuarto tiempo usualmente anticipan la armonía en el siguiente tiempo fuerte, dando a la música una gozosa sensación de impulso hacia adelante. Al tocar música brasileña, asegúrate de tocar los acordes ligeramente en los tiempos débiles. Puede ayudar el pensar tocando los tiempos débiles con un movimiento hacia arriba, como bateando una pelota de playa en el aire.

Así como el *stride piano* americano no está limitado al tradicional acompañamiento *oom-pah*, los grandes pianistas brasileños solamente insinúan los patrones básicos del *choro*. Un álbum que demuestra el auténtico estilo *choro* brasileño en el piano es *No Tempo da Chiquinha* de Hércules Gomes, en el cual Gomes interpreta la música de Chiquinha Gonzaga. Gonzaga fue una de las compositoras originales del *choro* y una de las primeras en escribir *choros* para piano. Además, fue la primera directora en Brasil!

Más allá del círculo tradicional brasileño, "Chorinho", de Lyle Mays, es una magnífica pieza que utiliza los patrones del *choro* en la mano izquierda pero agrega armonía de jazz moderna y líneas virtuosas en la mano derecha.

CONSEJOS DE JEREMY – EJERCICIOS AVANZADOS DE *STRIDE*

Convertirse verdaderamente en un adepto pianista de *stride* requiere una práctica creativa. Los dos ejercicios más abajo ayudan a mejorar la precisión y velocidad de la mano izquierda.

Acaso es una coincidencia que Art Tatum, uno de los más grandes pianistas de *stride*, era mayoritariamente ciego? Tal vez. Pero cualquier pianista de *stride* necesita desarrollar un sentido de ubicación en el teclado sin confiar demasiado en su vista. Es por eso que los pianistas deberían practicar *stride piano* con una venda en los ojos. Un antifaz para dormir es perfecto para practicar a ciegas. Una vez que los ojos estén vendados, practica solo la mano izquierda antes de intentar tocar con las dos manos. Tan extraño como suena, ayuda a escuchar y visualizar la nota o el acorde antes de moverlo.

Otro ejercicio muy útil para practicar *stride piano* es practicar saltando una o dos octavas extra entre las expresiones más bajas y altas del acorde (ver ejemplo 4.11). Saltar una gran distancia fuerza al pianista a moverse más rápidamente y activa un grupo diferente de músculos de los que se usarían para saltos más cortos. Los pianistas generalmente encuentran que tocar *stride* se siente significativamente más fácil después de practicar saltos largos, así como un jugador de béisbol que practica bateando con peso extra en el bate siente que el bate es más ligero cuando quita el peso extra.

Ejemplo 4.11
Saltar una octava extra

Para un estudio más profundo

Brackeen, Joanne. "If I Were a Bell." *Popsicle Illusion*. Arkadia Jazz, 2000.
Fortner, Sullivan and Salvant, Cecile McLorin. "The Gentleman is a Dope." *The Window*. Mack Avenue, 2015.
Garner, Erroll. "Is You Is My Baby." *Afternoon of an Elf*. Mercury, 1955.
Gomes, Hercules. *No Tempo da Chiquinha*. Self-released, 2018.
Hersch, Fred and King, Nancy. "Ain't Misbehavin'." *Live at the Jazz Standard*. Max Jazz, 2006.
Hines, Earl. "Embraceable You." *Earl Hines Plays George Gershwin*. CJ, 1973.
Mays, Lyle. "Chorinho." *Street Dreams*. Geffen Records, 1998.
Siskind, Jeremy. "Single Petal of a Rose." YouTube, 2019.

5. DEL *STRIDE* AL ACOMPAÑAMIENTO

Al aflojar el ritmo del *stride piano*, los pianistas pueden crear acompañamientos que son menos demandantes técnicamente, más espaciados rítmicamente y con sonidos más modernos que la base de negras en el *stride*. Aunque estos estilos de acompañamiento todavía se mueven entre las expresiones más bajas y altas de la armonía, dejan más espacio e incluyen más variedad rítmica que el estilo *stride*.

Stride *con ritmos esenciales de comping*

El ***comping*** es un término utilizado para describir el acompañamiento improvisado de un pianista de jazz. Cuando los pianistas agregan síncopas y espacio para patrones de *stride*, la mano izquierda se encuentra esencialmente acompañando para ellos mismos como si fueran solistas en un combo. Un buen lugar para empezar el *comping* es aprendiendo tres ritmos esenciales: el *Charleston*, el *Charleston* a la inversa y el ritmo *Red Garland*. Los pianistas estudian frecuentemente estos ritmos cuando se encuentran aprendiendo a acompañar en un formato grupal, pero son igualmente útiles para piano solo.

Para el ***Charleston***, acompaña en el primer tiempo y el final del dos, con el final del dos anticipando cualquier acorde que cambia en el tercer tiempo (ver ejemplo 5.1).

Ejemplo 5.1
Ritmo *comping* de *Charleston*

Para el ***Charleston* a la inversa**, acompaña en el final del primer tiempo y en el tercero. El patrón de *Charleston* a la inversa tiende a ser el ritmo más relajado. Para agregar más firmeza a este ritmo de *Charleston*, agrega una nota de bajo en el primer tiempo y dos acordes más altos con el patrón normal (ver ejemplo 5.2).

Ejemplo 5.2
Ritmo *comping* del *Charleston* a la inversa

El **ritmo *Red Garland*,** lleva ese nombre por el pianista del primer quinteto de Miles Davis, incluye *compings* en el final del cuatro y el final del dos, anticipando la armonía que cae en el primer y tercer tiempo, respectivamente (ver ejemplo 5.3).

Ejemplo 5.3
El *comping* con ritmo *Red Garland*

Cuando uno se encuentra con estos ritmos, se acostumbra a empezar con el acompañamiento más bajo cerca del tiempo fuerte y la expresión más alta cerca de la mitad del compás (ver ejemplo 5.4). A medida que estos patrones se vuelven más cómodos, combínalos con diferentes patrones *stride*, incluyendo *Peace Piece*, *Peace Piece* a la inversa y silencio en el primer tiempo.

Ejemplo 5.4
Acompañando ritmos con diferentes patrones *stride*

Considerando el ritmo armónico

El ritmo armónico, el cual es la frecuencia en la que cambian los acordes en un tema, afecta como el pianista acompaña. El ritmo armónico cambia típicamente durante la duración de un tema. El ritmo armónico podría variar entre acordes cambiando cada ocho pulsos, cada cuatro, cada dos o inclusive cada uno. Los músicos generalmente resaltan los cambios del ritmo armónico a través de cambios en el estilo del acompañamiento. Frecuentemente, los pianistas (y bateristas) igualan la duración de su patrón de acompañamiento con el del ritmo armónico.

Dado que cada patrón esencial de acompañamiento tiene una duración de un compás, los pianistas necesitan ajustar los ritmos cuando la armonía cambia más de una vez por compás (ver ejemplo 5.5). Una estrategia es tocar un acompañamiento más bajo para cada nuevo acorde. Otra opción es inventar un patrón de acompañamiento más corto que pueda incluir un acompañamiento más bajo y alto para cada acorde.

Ejemplo 5.5
Acompañando con ritmos armónicos más rápidos

Si el ritmo armónico cambia con menos frecuencia, el patrón de acompañamiento no debe cambiar necesariamente. Cuando un ritmo armónico más estático se empareja con una melodía que descansa, los pianistas pueden crear un *fill* en el acompañamiento para agregar un relleno en el espacio abierto. Los acompañamientos con *fill* incluyen un *comping* más activo, *chord melodies* que se crean moviendo la nota más alta del *voicing* e interjecciones melódicas improvisadas en la mano izquierda (ver ejemplo 5.6). Puede ayudar pensar en estos *fills* de la mano izquierda como la parte de los trombones en una *big band*. Imagina lo que un gran arreglador escribiría para la sección de trombones en el medio de frases melódicas.

Ejemplo 5.6
Usando *fills* en el acompañamiento

Acompañamientos cortos y largos

Al practicar patrones de acompañamiento, empieza con los más cortos como el estilo predeterminado. Los acompañamientos cortos deberían tener la duración y el volúmen de las escobillas golpeando la caja. Agregar acompañamientos largos puede proveer de acentos rítmicos, construir anticipación y crear contraste. Acompañamientos largos, los cuales pueden ser logrados con legato de los dedos y con el pedal, son generalmente mantenidos hasta que el siguiente acorde es ejecutado. Cambiar de acompañamiento corto a largo también puede resaltar las diferencias en la armonía rítmica.

El ejemplo 5.7 muestra como crear variedad usando los patrones *Charleston*, *Charleston* invertido y *Red Garland* a la vez que se combinan acompañamientos cortos y largos.

Ejemplo 5.7
Combinando estilos de acompañamiento

Shell Voicings con Bajo

En lugar de ir arriba y abajo entre las expresiones más bajas y altas de los acordes, los pianistas pueden encontrar acordes que incluyan lo esencial en una sola expresión. Los educadores de jazz se refieren a los *voicings* que colocan la tercera y la séptima en la mano izquierda como **shell voicings**. Aunque los *shell voicings* son principalmente enseñados para usar en un formato de banda, también son útiles en jazz piano solo con la tónica agregada a las notas esenciales.

El ejemplo 5.8 muestra algunas formas de practicar *shell voicings* para una progresión dos-cinco-uno. Nótese que algunos de estos *voicings* usan solamente dos notas, la tónica más la tercera o la séptima, mientras que otros usan los tres. Las versiones de dos notas son particularmente aplicables en el rango bajo del piano donde los acordes de tres notas empiezan a sonar borrosos. Los *shell voicings* de una mano deben ser practicados en todas las tonalidades con cada patrón de acompañamiento.

Ejemplo 5.8
Shell Voicings de una mano para practicar dos-cinco-uno

Shell voicings de dos notas empezando con la séptima

Shell voicings de dos notas empezando con la tercera

Shell voicings de tres notas empezando con la tercera como la nota más baja

Shell voicings de tres notas empezando con la séptima como la nota más baja

CONSEJOS DE JEREMY: PEDAL *FORTEPIANO*

Muchos de los grandes pianistas de jazz utilizan el **pedal** *fortepiano* para agregar drama a sus acompañamientos largos. El pedal *fortepiano*, el cual es logrado al tocar un acorde acentuado y *stacatto*, usando el pedal después de que el sonido empieza a apagarse, crea un ataque ruidoso pero un *sustain* más suave.

He escuchado a pianistas de diferentes generaciones empleando el pedal *fortepiano*, incluyendo Oscar Peterson, Gonzalo Rubalcaba y Glenn Zaleski, de quien estoy agradecido por mostrarme esta técnica personalmente. El pedal *fortepiano* crea acentos fuertes sin crear un volúmen demasiado intenso. El ejemplo 5.9 muestra un ejercicio que los pianistas pueden practicar para experimentar con este estilo de pedal.

Ejemplo 5.9
Pedal *fortepiano*

Para un estudio más profundo

Barron, Kenny. "Well You Needn't." *Live at Maybeck Recital Hall.* Concord, 1991.
Evans, Bill. *Alone.* Verve, 1968.
Harris, Barry. "I Know What I Know." *Solo.* Uptown Jazz, 2008.
Rubalcaba, Gonzalo. "Quasar." *Solo.* Paseo, 2004.
Zaleski, Glenn. *Solo Vol. 1.* Stark Terrace Music, 2018.

6. VARIACIONES DE ACOMPAÑAMIENTO

El pianista solista ya no puede basarse en los acentos sorpresa del baterista, los *fills* considerados del bajista, o las interjecciones en el acompañamiento del guitarrista. Por lo tanto, los pianistas necesitan crear su propio color, *groove* e intriga a través de la variedad en su acompañamiento.

Acordes repetidos

Agregar **acordes repetidos** es una manera dinámica de variar los ritmos básicos de acompañamiento. El ritmo mas común en jazz es un *"push-off"* de dos corcheas consecutivas, un tiempo fuerte seguido por un tiempo débil (ver ejemplo 6.1). Al tocar un *push-off*, pon el peso en la segunda corchea en el tiempo débil. Para más información sobre los *push-offs*, chequea los "Consejos de Jeremy" al final de este capítulo.

En el ejemplo 6.1, los acordes en el cuarto tiempo preceden el acompañamiento en el final del cuatro para el patrón de acompañamiento *Red Garland*. Aunque el ritmo se vea similar a los acordes repetidos en otros patrones, el pianista debe cambiar los acordes al moverse desde el cuarto tiempo hacia el *push-off* del cuarto. El acorde en el cuarto tiempo refleja la armonía del actual compás mientras que el acorde en el final del cuarto anticipa la armonía del siguiente compás.

Ejemplo 6.1
Acompañamiento con acordes repetidos

Sidestepping y Tonalización

Sidestepping, también a veces llamado *sideslipping*, es una técnica en el cual el pianista resuelve un *voicing* por un semitono después de introducir el mismo *voicing* transportado un semitono de distancia. La añadidura de *sidesteps* agrega color y energía rítmica al acompañamiento. En el ejemplo 6.2, los *sidesteps* están marcados por una flecha vertical.

A pesar de que los *sidesteps* comúnmente empiezan desde abajo, *sidesteps* desde arriba también son posibles. A veces, cuando el acorde un semitono de distancia cae en el tiempo fuerte, el *sidestepping* resulta en un retraso del acorde dado hasta el final del primer tiempo.

Los *voicings* también se pueden mover por múltiples semitonos para crear un doble o triple *sidestep*.

Ejemplo 6.2
Acompañamiento con *sidestepping*

Los *sidesteps* no tienen que cambiar el *voicing* completo (ver ejemplo 6.3). Partes del acorde pueden ser ajustados por un semitono para crear un efecto de tensión y resolución.

Ejemplo 6.3
Acompañamiento utilizando *sidestepping* en algunas voces

La **tonalización** es una técnica en la cual el pianista introduce el acorde dominante (V7) del acorde deseado y luego resuelve el acorde dominante a su tónica. Al tonalizar un acorde, no es necesario considerar la tonalidad en general de la pieza. En su lugar, el nuevo acorde viene de la tonalidad del acorde al cual quiere resolver. La tonalización puede ser usado tanto para las expresiones más bajas o altas del acorde y el nuevo acorde dominante puede incluir tonos alterados.

Nótese en el ejemplo 6.4 que la tonalización funciona sin importar si el acorde es una séptima mayor, séptima menor o séptima dominante. La tonalización puede ser usada para conducir a una nueva armonía o reforzar la armonía que ya ha sido establecida.

Ejemplo 6.4
Acompañando con tonalización

Adicionalmente, los pianistas pueden crear una cadena de tonalizaciones. Es posible tonalizar interminablemente los acordes dominantes que se continúan moviendo alrededor del círculo de quintas (ver ejemplo 6.5).

Ejemplo 6.5
Acompañando con múltiples tonalizaciones

Ya que las tonalizaciones son muy comunes, es importante practicar *voicings* de dos, tres y cuatro notas moviéndose a través del círculo de quintas con la intención de lograr fluidez y rapidez (ver ejemplo 6.6).

Ejemplo 6.6
Practicando *voicings* a través del círculo de quintas

El ejemplo 6.7 demuestra el uso de acordes repetidos, *sidestepping* y tonalizaciones junto a diferentes patrones de acompañamiento y duración de acordes. Métodos adicionales de agregar nuevas armonías, como usar el círculo de quintas diatónicamente y sustituciones tritonales, son tratados como técnicas de re-armonización en el capítulo dieciséis.

Ejemplo 6.7
Acompañamiento usando acordes repetidos, *sidestepping* y tonalizaciones

Adornando Notas del Bajo

En vez de tocar un acorde en la expresión baja de la armonía, los pianistas también pueden crear pequeñas líneas de bajo con varios niveles de complejidad. Es común adornar una nota del bajo tocando notas sueltas en un gesto de uno-cinco, repitiendo la nota del bajo que vino antes, introduciendo una nota un semitono de distancia, o saltando una octava (ver ejemplo 6.8).

Ejemplo 6.8
Adornando notas del bajo con adornos simples

El ejemplo 6.9 presenta adornos más complejos. Algunos adornos son creados al combinar los adornos simples introducidos en el ejemplo 6.8, como colocar un *lead-in* un semitono de distancia antes del quinto grado de la escala en un gesto de cinco-uno.

Adicionalmente, dos nuevos tipos de adorno son introducidos. Un **turn** adorna un *lead-in* usando un vecino más alto o bajo, el cual puede ser cromático o diatónico. **Una doble bordadura** encara la nota deseada usando semitonos desde arriba o abajo. Aunque una doble bordadura puede aplicarse desde cualquier dirección, es más común empezar con la nota arriba de la nota deseada.

Ejemplo 6.9
Adornando notas del bajo con adornos más complejos

Acompañando con la melodía

En lugar de pensar en términos de patrones de acompañamiento, los pianistas pueden elegir su estilo de acompañamiento basado en la melodía (ver ejemplo 6.10). En un estilo de **pregunta-respuesta**, la mano izquierda del pianista se vuelve más activa a la vez que su mano derecha menos activa y viceversa.

Ejemplo 6.10
Acompañamiento Pregunta-respuesta

El **acompañamiento homofónico** es la repetición de acordes de la mano izquierda en el mismo ritmo que la melodía (ver ejemplo 6.11). Típicamente, el acompañamiento homofónico se concentra en las expresiones más altas de la armonía en lugar de las expresiones más bajas, pero el pianista puede usar ambos registros. Dicho estilo es frecuentemente asociado con Bill Evans, quien lo usa recurrentemente en su trío, pero también en sus discos de solista como *Alone* y *Alone Again.*

Ejemplo 6.11
Acompañamiento Homofónico

Los pianistas también se pueden apoyar en los acentos melódicos de la mano derecha con la mano izquierda (ver ejemplo 6.12). Considera resaltar momentos importantes en la melodía como saltos grandes (piensa en una quinta o más alto), **puntos de *turn-around*** (momentos donde la melodía cambia de una dirección ascendente a descendente o viceversa) y *push-offs* rítmicos.

Ejemplo 6.12
Acompañamiento apoyando la melodía

CONSEJOS DE JEREMY: EL GESTO *PUSH-OFF* Y CONECTANDO ACORDES

El **gesto *push-off*** es una técnica que permite al pianista tocar dos acordes repetidos sin espacio en el medio. Realizar el gesto *push-off* correctamente es crucial para una buena articulación *swing*. Cuando se realiza correctamente, los pianistas no deberían percibir un silencio entre las dos corcheas y el acento debería caer en la segunda (tiempo débil) corchea.

Toca las dos corcheas con un gesto de abajo hacia arriba del codo sin permitir que las teclas regresen a su posición inicial. La muñeca y el codo deberían moverse hacia abajo cuando tocan el primer acorde y luego regresar hacia arriba juntos en la segunda corchea para crear un acento más percusivo. Los músicos de jazz usan las sílabas "*doo-DIT*" como una guía para la articulación ideal en corcheas consecutivas.

Si los acordes cambian de una corchea a la siguiente, emplea lo máximo posible el *legato* de dedos entre los dos acordes de manera a que no se perciba ningún espacio en el medio. Aunque es imposible conectar cada nota con los dedos, las voces bajas del acorde pueden ser usualmente conectadas al alternar entre el cuarto y quinto dedo (ver ejemplo 6.13).

Ejemplo 6.13
Digitación para acompañamiento consecutivo

Lograr un sentido de conexión entre las notas altas de los acordes de la mano izquierda es particularmente importante. A pesar de que es imposible conectar físicamente las notas más altas ya que usualmente son tocadas con el pulgar, haz el esfuerzo de mantener el pulgar cerca del teclado y conecta lo más que se pueda para crear la ilusión de legato de dedos.

Para un estudio más profundo

Jones, Hank. *Live at Maybeck Recital Hall, Vol. 16.* Concord, 1992.
McPartland, Marian. *Live at Maybeck Recital Hall, Vol. 9.* Concord, 1992.
Miller, Mulgrew. *Solo.* Space Time Records, 2010.

7. LÍNEAS DE BAJO EN LA MANO IZQUIERDA

Conozco muchos pianistas de jazz que rechazan la idea de tocar líneas de bajo en una performance de piano solo. Dicen cosas como "los pianistas de jazz reales tocan *stride*, los pianistas de *cocktail* tocan líneas de bajo". Sin embargo, muchos de los grandes incorporaron líneas de bajo a todos los tipos de música de solo piano. Saber como usar correctamente una amplia variedad de líneas de bajo puede proveer **contraste** en un set largo o formar parte de un arreglo más complejo.

Boogie-Woogie

El *Boogie-Woogie* es el nombre de un estilo que utiliza patrones repetitivos en la mano izquierda que son típicamente usados para progresiones de blues. Los patrones de *Boogie-Woogie* difieren de los patrones de *stride* porque se mantienen en un registro bajo y usualmente mantienen corcheas consistentes en lugar de negras. Ya que son utilizadas en el blues, los patrones de *boogie-woogie* fueron creados con acordes de séptima dominante en mente, pero los pianistas creativos pueden encontrar formas de modificar estos patrones para otras armonías.

El ejemplo 7.1 provee de una pequeña muestra de patrones *boogie-woogie*. En el libro de Dick Hyman, *Century of Jazz Piano – Transcribed!* provee un esquema completo de la riqueza de la tradición *boogie-woogie*.

Ejemplo 7.1
Estilos de *Boogie-Woogie*

Boogie-Woogie arpegiado en negras

Boogie-Woogie arpegiado en corcheas

Líneas de bajo y la mano derecha

En *stride piano*, la mano izquierda realiza dos de las tres tareas del pianista solista, Cubre tanto el bajo como el rango medio de los acordes mientras que la mano derecha cubre la melodía. El pianista también puede elegir el enfoque contrario al hacer que la mano derecha realice estos dos trabajos, la melodía y los acordes en el rango medio, mientras que la mano izquierda se dedica a tocas las líneas de bajo.

Para este estilo, la mano izquierda toca una línea de bajo jazz estándar, quizás en un *feel* de dos o cuatro, y la mano derecha alterna entre tocar la melodía y bajar al rango medio para acompañar (ver ejemplo 7.2).

Ejemplo 7.2
Líneas de bajo en la mano izquierda con la mano derecha moviéndose entre acorde y melodía

Alternativamente, algunos pianistas dejan los acordes del rango medio para tocar líneas melódicas en el registro tenor que expresan la armonía de una forma lineal. En este estilo, los pianistas se quedan en el Do central, expresan los acordes a través de arpegios y rellenan la armonía usando acordes de dos notas llamadas **díadas** (ver ejemplo 7.3). Ya que el pianista controla tanto la línea de bajo como la melodía, puede intencionalmente elegir combinaciones de notas de bajo y notas de la melodía que expresen la progresión de acordes a través de la armonía y tensiones.

Ejemplo 7.3
Líneas de bajo en la mano izquierda con la mano derecha cubriendo la armonía a través de líneas y díadas

La efectividad de esta estrategia depende mucho del tempo. En un *tempo* más rápido, las melodías de una sola nota pueden fácilmente definir un acorde, pero a un tempo más lento, los *voicings* más densos son generalmente requeridos para dar al oyente una sensación completa de la armonía.

Muchos pianistas crean *voicings* de tres o cuatro notas por debajo de la melodía en la mano derecha al tocar la línea de bajo (ver ejemplo 7.4). Ya que el pianista necesita suficiente tiempo para encontrar la posición de la mano por cada acorde en el piano, armonizar la melodía es más efectivo para melodías más lentas en lugar de líneas más rápidas al estilo *bebop*. Los *voicings* usados en la mano derecha son similares a aquellos usados en la mano derecha para posiciones cerradas y *voicings* de *drop-two* (ver capítulo ocho).

Ejemplo 7.4
Armonizando melodías con *voicings* de tres y cuatro notas en la mano derecha

Los pianistas también pueden lograr un sonido moderno armonizando melodías con **voicings paralelos**, *voicings* que mantienen la misma estructura interválica (ver ejemplo 7.5). Un *voicing* paralelo puede ser un acorde reconocido como una tríada mayor o menor o un patrón basado en relaciones interválicas, como una quinta más un semitono. Al armonizar con *voicings* paralelos, la estructura interválica original es repetida idénticamente sin consideración por la armadura de clave o los símbolos de acorde.

Ejemplo 7.5
Armonizando melodías con *voicings* paralelos

Otros patrones de bajo en la mano izquierda

Bud Powell es conocido por una técnica en la mano izquierda en el registro bajo que incluye una nota pedal mantenida, usualmente la quinta, por arriba de un simple bajo con *feel* en dos (ver ejemplo 7.6). Cuando se ejecuta correctamente, este patrón de bajo puede sonar como un gruñido. La grabación de "*Ascension*" de Barry Harris provee un claro ejemplo de este estilo en la mano izquierda.

Ejemplo 7.6
Patrón de mano izquierda de Bud Powell

Una línea de bajo con **broken-feel** perfila la armonía sin un patrón rítmico repetitivo (ver ejemplo 7.7). En lugar de tocar cada blanca o negra, las líneas de bajo con *broken-feel* combinan unidades rítmicas e incluyen a menudo notas más largas, acentos sincopados y hemiolas. Las líneas de bajo con *broken-feel* deberían ser creadas para caber lógicamente con la melodía de la mano derecha o la improvisación. Frecuentemente emplean la técnica de pregunta y respuesta con la melodía, volviéndose más activo cuando la melodía descansa.

Debido a que las líneas de bajo *broken-feel* no se alinearán necesariamente con el tiempo fuerte, requieren que el pianista anticipe o retrase las resoluciones armónicas. Siempre y cuando las notas tensas del bajo son resueltas suavemente a las notas adyacentes, las anticipaciones y retrasos no anularán completamente el esquema armónico del tema. Oscar Peterson utiliza líneas de bajo *broken-feel* en su grabación de "*Perdido*". La línea de bajo de Peterson enfatiza frecuentemente el final del tercer tiempo y crea hemiolas en vez de caer limpiamente en el tiempo fuerte.

Ejemplo 7.7
Líneas de bajo con *broken-feel*

línea de bajo con broken-feel

Un **ostinato** es una figura musical repetida. Los pianistas solistas utilizan el *ostinato* en el bajo algunas veces para crear un *groove* consistente en la mano izquierda. Los pianistas pueden adaptar *ostinatos* de bajo Afro-Cubano, como en la versión de "*Bud Like*" de Kenny Barron o podrían usar líneas basadas en el *groove* como Hank Jones en su grabación de "*Six and Four*" o "*Lush Life*" en la versión de Chick Corea (ver ejemplo 7.8).

Ejemplo 7.8
Ostinatos en la mano izquierda

Bajo Ostinato básico cubano
C^7 or C or Cm

Bajo Ostinato cubano
más complejo (ritmo Tumbao)
C^7 or C or Cm

"Seis y cuatro" Bajo Ostinato
(Oliver Nelson, ejecutado por Hank Jones)

Ostinato "Lush Life"
(arreglo de Chick Corea)

CONSEJOS DE JEREMY: IMPROVISANDO SOBRE *OSTINATOS*

Al aprender a improvisar sobre un *ostinato*, el primer paso es sentirse cómodo en los puntos en los que las dos manos tocan juntas (ver ejemplo 7.9). Improvisa en el ritmo del *ostinato* del bajo para que las dos manos toquen el mismo ritmo.

Ejemplo 7.9
Improvisando sobre un *ostinato* con el mismo ritmo en las dos manos

Siguiente, agrega algunas notas adicionales manteniendo la base en las dos manos tocando simultáneamente (ver ejemplo 7.10). A medida que el ejercicio se vuelve más cómodo, agrega más y más notas sin interrumpir el ritmo central compartido entre las dos manos.

Ejemplo 7.10
Agregando a la improvisación simultánea con el *ostinato*

Para lograr el *feeling* de tocar dos líneas independientes, practica tocando en diferentes unidades rítmicas encima del *ostinato* (ejemplo 7.11). Empieza con las fáciles como blancas, negras y corcheas y ve avanzando a las difíciles como negras con puntillo y blancas con puntillo.

Ejemplo 7.11
Practicando ritmos predeterminados contra un *ostinato*

Negras con puntillo (Improvisado)

improvisado

ostinato

También puede ser útil practicar *ostinatos* en la mano derecha para solidificar la comprensión cerebral de la compleja independencia de manos (ver ejemplo 7.12).

Ejemplo 7.12
Practicando un *ostinato* en la mano derecha

ostinato

improvisado

Para un estudio más profundo

Barron, Kenny. "Budlike." *At the Piano*. Xanadu Records, 1982.

Brubeck, Dave. "The Duke." *Brubeck Plays Brubeck*. Columbia, 1956.

Corea, Chick. "Armando's Rhumba." *Expressions*. GRP, 1994.

Corea, Chick. "Lush Life." *Expressions*. GRP, 1994.

Camilo, Michel. "Our Love is Here to Stay." *Solo*. Telarc, 2005.

Hyman, Dick. *Dick Hyman's Century of Jazz Piano – Transcribed!* Hal Leonard, 2012.

Harris, Gene. "Lu's Blues." *At Maybeck*. Concord, 1993.

Harris, Barry. "Ascension." *Listen to Barry Harris*. Riverside, 1961.

Jones, Hank. "Six and Four." *Live at Maybeck Recital Hall*. Concord, 1992.

McKenna, Dave. "Tea for Two." *An Intimate Evening*. ARCD, 2002.

McKenna, Dave. "C Jam Blues." *Solo Piano*. CoolNote, 1994.

McPartland, Marian. "A Fine Romance." *Live at Maybeck Recital Hall, Vol. 9*. Concord, 1991.

Peterson, Oscar. "Perdido." *My Favorite Instrument: Exclusively for My Friends*. MPS, 1968.

8. OMITIENDO EL BAJO

En lugar de elegir cubrir la melodía, acordes y el bajo, el pianista puede elegir omitir el bajo o hacer que solo toque intermitentemente. Algunas estrategias para omitir el rango bajo de lo más tradicional a lo más moderno puede ser aplicado meramente como un momento culminante para finalizar una sección o como una textura más duradera por coros enteros y más.

Voicings en posición cerradas y Drop-Two

Voicings de posición cerrada, *voicings* que se expanden por una octava o menos, son una importante parte de la tradición del piano jazz, con el pianista británico George Shearing como su más importante exponente. El típico sonido Shearing es un *voicing* de cinco notas con la nota más baja doblando la melodía y tres notas en el medio. *Voicings* de posición cerrada suenan como una sección de saxofones de la era Basie con cinco saxos tocando en una armonía apretada.

Aunque los *voicings* de posición cerrada son complejos y variados, lo básico esta cubierto en un sumario más abajo. Para el primer paso, toca los *voicings* de posición cerrada salteando una nota usando la escala de *bebop*, una escala mayor con la sexta bemol agregada. El resultado son dos acordes alternados, la tónica mayor con sexta y el acorde de séptima disminuida (ver ejemplo 8.1).

En este estilo, la mano izquierda usualmente toca solo la nota más baja mientras que la mano derecha toca las cuatro notas más altas. Limitar la mano izquierda a solo una nota es importante porque el estilo depende de la mano izquierda conectando la melodía. El legato de la mano izquierda da al oyente la ilusión de que el pianista conecta suavemente entre todas las notas de los acordes.

Ejemplo 8.1
Voicings de posición cerrada basados en la escala de Do *bebop*

Los *voicings* creados a partir de la escala de *bebop* funcionan bien para un acorde mayor, pero otras situaciones necesitan diferentes re-armonizaciones. Sigue el proceso a continuación para determinar las mejores opciones para las notas del medio en un *voicing* de posición cerrada:

1. Determina si la nota de la melodía es una nota del acorde.

2. Si la nota de la melodía es una nota del acorde, la tercera y la séptima deben estar presentes.

    a. Si la tercera y la séptima están en la melodía, agrega el faltante tono esencial al acorde.

    b. Si la melodía no está en la tercera o séptima, agrega ambos al acorde.

    c. Usa la sexta en lugar de la séptima mayor cuando la tónica está en la melodía porque la séptima está a solo un semitono de distancia de la tónica.

d. Completa el *voicing* de cinco notas eligiendo tonos no esenciales como la tónica, quinta, novena, oncena y trecena o tonos alterados como la quinta sostenido o novena bemol para acordes dominantes.

3. Si la nota de la melodía no es una nota del acorde, primero trata de armonizarlo con un acorde de séptima disminuida.

4. Si el acorde disminuido no suena bien, o algún acorde más colorido sonaría mejor, trata de armonizar las notas extrañas al acorde usando *sidestepping* y tonalizaciones (ver ejemplo 8.2).

El ejemplo 8.2 usa los primeros compases del estándar *"Danny Boy"* para demostrar *voicings* de posición cerradas. *"Danny Boy"* es presentado en mas detalle en el capítulo nueve y usado a través del resto del libro.

Ejemplo 8.2
Voicings de posición cerrada

Los **voicings drop-two** son similares a los de posición cerrada pero suenan más ligeros y modernos. Forma *voicings drop-two* empezando con un *voicing* de posición cerrada, omitiendo la nota más baja que dobla la melodía, y bajando la segunda nota contando desde arriba por una octava (ver ejemplo 8.3). El resultado es un *voicing* de cuatro notas con una novena o décima entre las notas más altas y bajas.

Ejemplo 8.3
Voicings drop-two para la escala de Do *bebop*

Al tocar *voicings* en posición cerrada y *drop-two*, la mano izquierda debería individualizar y adornar la melodía a través de *turns*, **scoops** (lead-ins desde abajo compuesto por varios semitonos), **slides** (conexiones entre dos notas por dos o mas semitonos), y **notas fantasma** (notas que apenas son escuchadas pero son incluidas para servir una función rítmica) (ver ejemplo 8.4). Las notas fantasma, que son generalmente notas del acorde, se escriben en paréntesis.

Ejemplo 8.4
Combinando *voicings* de posición cerrada y *drop-two*

El silencio que dejan estos *voicings* pueden ser rellenados con respuestas fuera del rango medio (ver ejemplo 8.5). Las respuestas pueden incluir *fills* en el bajo o acordes tocados en los extremos del piano.

Ejemplo 8.5
Voicings de posición cerrada y *drop-two* con respuestas

La **escala octatónica**, una escala simétrica de ocho notas que alterna semitonos y tonos, pueden ser usados para crear *voicings* de posición cerrada y *drop-two* particularmente sonoros. Para crear *voicings* de posición cerrada que suenan más retorcidos, toca una tríada en estado fundamental pero agrega un semitono arriba de la nota más baja (ver ejemplo 8.6). En la forma *drop-two*, un sonido similar puede ser creado al organizar el *voicing* en cuartas, usando una cuarta aumentada entre las dos notas más altas y las dos notas más bajas. Debido a que la escala octatónica es una escala simétrica, estos *voicings* pueden ser repetidos con el mismo patrón interválico cada tercera menor. Adicionalmente a la armonización de la melodía, los *voicings* octatónicos funcionan muy bien en una introducción *rubato* o como parte del *fill* de un solo.

Ejemplo 8.6
Voicings octatónicos coloridos en posición cerrada y *drop-two*

Voicings Modales

Los **voicings** modales son *voicings* que tienen el mismo conjunto de intervalos diatónicos sin importar en que nota empiecen. Cualquier conjunto de intervalos pueden ser usados como *voicings* modales, pero existen dos que han ganado una prominencia especial en la historia del jazz. **Los *voicings So What*** son *voicings* de cinco notas con una composición de tres cuartas justas desde el bajo y una tercera mayor en la punta. Son nombrados de esa forma por el *voicing* que Bill Evans utiliza en el tema epónimo. Los *voicings* cuartales, típicamente asociados con McCoy Tyner, apilan cuartas diatónicas. Mientras que Tyner típicamente utiliza *voicings* cuartales de seis notas con tres notas en cada mano, los *voicings* cuartales que utilizan tres, cuatro o cinco notas son más útiles para armonizar una melodía.

Nótese en el ejemplo 8.7 que los *voicings* en cada línea tienen los mismos intervalos diatónicos, eso no significa que tienen estructuras interválicas idénticas. Debido a que el mismo modo combina tonos y semitonos, algunos *voicings So What* tienen una tercera menor arriba mientras que otros tienen una tercera mayor. Similarmente, a pesar de que las cuartas se presumen son cuartas justas, las cuartas en estos acordes podrían ser cuartas justas o cuartas aumentadas dependiendo de donde caen en el modo.

Ejemplo 8.7
Voicings So What y cuartales para Re dórico y Fa mixolidio

Al usar *voicings* modales en una pieza tonal como *"Danny Boy"*, el pianista debe combinar con perspicacia los *voicings So What* y cuartales para crear un resultado que capture la tonalidad de la pieza (ver ejemplo 8.8). Además de combinar los *voicings*, los pianistas pueden usar *sidestepping* y **planing**, la transposición precisa de los intervalos del acorde deseado, para evitar *voicings* con intervalos incómodos (mas sobre *planing* en el capítulo dieciséis).

Ejemplo 8.8
Voicings modales

Al usar *voicings* modales, las notas del bajo y acordes de apoyo pueden ser agregadas para dar un contexto más completo a los *voicings* (ver ejemplo 8.9).

Ejemplo 8.9
Armonización modal con contextualización armónica

Octavas Dobles y Décimas

Octavas dobles es una técnica en el cual el pianista toca melodías idénticas en las dos manos, típicamente con una octava libre en el medio para máxima resonancia (ver ejemplo 8.10). Es posible usar octavas dobles para crear una sección entera de música. Oscar Peterson es probablemente el pianista más famoso en emplear octavas dobles pero muchos de sus seguidores como Benny Green y Geoffrey Keezer han adoptado este estilo.

Ejemplo 8.10
Espaciado típico para octavas dobles

Así como con otros estilos sin bajo, las octavas dobles pueden ser ejecutadas con o sin acordes de apoyo (ver ejemplo 8.11). Al tocar sin ningún acorde de apoyo, los pianistas deberían apuntar a cubrir la armonía de ser posible en la línea melódica enfocándose en un amplio espaciado y arpegios.

Ejemplo 8.11
Octavas dobles con acordes de apoyo

Los pianistas también frecuentemente armonizan una melodía en décimas. Al armonizar melodías en décimas, los pianistas deben elegir entre décimas menores y mayores. Para determinar cual décima caberá mejor en la melodía, empieza armonizando notas importantes de la melodía con notas del acorde que claramente comunican la progresión de acordes. Una vez que las notas importantes de la melodía estén cubiertas, trabaja al revés para ver que intervalos preparan esas notas suavemente.

Cuando el pianista armoniza una melodía en décimas, ocasionalmente podría usar una novena u oncena si queda mejor en el momento armónico. En el ejemplo 8.12, la línea de la mano izquierda sigue a la mano derecha exclusivamente en décimas por los primeros cuatro compases pero incorpora otros intervalos en los segundos cuatro compases.

Ejemplo 8.12
Armonizando un pasaje en décimas

Mientras que es más común tocar la melodía principal en la mano derecha, se crea un efecto interesante el tocar la melodía en la mano izquierda y usar décimas para armonizar arriba de la melodía en la mano derecha. Además de armonizar una melodía, esta misma técnica puede ser usada para agregar color a un *fill* del bajo. El ejemplo 8.13 agrega acordes a las décimas para ayudar a contextualizar la armonía.

Ejemplo 8.13
Un pasaje en décimas con la melodía principal en la mano izquierda

Contrapunto y Piano Espejo

Con solo unos cuantos cambios, los pasajes de décimas se pueden volver en **contrapunto homofónico**, lo cual significa que múltiples melodías, tocadas simultáneamente, están tejidas juntas intencionalmente para insinuar la armonía (ver ejemplo 8.14). Tocar pasajes extendidos de contrapunto homofónico es un aspecto establecido del pianista Fred Hersch y algunos de sus discípulos como Dan Tepfer y Sullivan Fortner. Hersch típicamente toca estos pasajes en los extremos del piano con un toque ligero.

Al planear pasajes contrapuntísticos, sigue los pasos establecidos para crear décimas. Selecciona notas importantes de la melodía y armoniza estas notas en maneras que apoyan el esquema armónico. Si las notas importantes del acorde son armonizadas con intervalos consonantes, la disonancia puede ser usada para las demás notas. Por ejemplo, en el ejemplo 8.14, el Mi natural justo antes de la doble barra es una nota ideal para resolver. El Mi natural puede ser armonizado con una sexta en el medio del Sol y el Mi, un intervalo consonante que expresa el acorde de Do séptima mayor claramente. La mano izquierda puede tocar una escala cromática para llegar hasta el Sol. Aunque la escala cromática crea disonancias estridentes entre las manos, como la novena menor en el tercer tiempo, la séptima menor en el final del tres y el tritono en el cuarto tiempo, ya que las dos manos se juntan en el objetivo consonante, las disonancias de hecho enriquecen el sentido de la armonía y tonalidad.

Ejemplo 8.14
Contrapunto homofónico a dos voces

El **piano espejo** es un tipo especial de contrapunto homofónico que parea las notas basadas en los dos puntos de simetría del teclado, el Re y La bemol (ver ejemplo 8.15). Para encontrar las notas pareadas en espejos, empieza las dos manos en Re o La bemol y toca escalas cromáticas en direcciones opuestas. Resultarán los siguientes pares:

Ejemplo 8.15
Tabla de pares de piano espejo

D	E♭	E	F	F♯	G	G♯	A	B♭	B	C	C♯
D	C♯	C	B	B♭	A	G♯	G	F♯	F	E	E♭

En el piano espejo, cuando una mano toca una nota en la fila de arriba, la otra mano tocará la correspondiente nota en la fila de abajo. El piano espejo es útil ya que permite que ambas manos usen la misma digitación. Debido a que la distribución de notas blancas y negras en el teclado es simétrica para ambas manos en este estilo, la digitación será idéntica para la mano derecha e izquierda, los cuales son a su vez simétricas. Usar digitación simétrica ayuda a las manos a tocar bien rápido y sin mucho esfuerzo en dirección contraria.

La desventaja del piano espejo es que la imagen espejo no tendrá ninguna relación al esquema armónico (ver ejemplo 8.16). Si el pianista desea la imagen espejo para sonar tonal, tendrá que hacer ajustes significativos en la mano realizando el espejo.

Ejemplo 8.16
Piano espejo mostrando imagen espejo con melodía en la mano derecha

Ejemplo 8.17
Piano espejo mostrando la imagen espejo en la mano izquierda

La melodía primaria para el piano espejo puede ser tocada tanto en la mano derecha como en la mano izquierda, con la otra mano haciendo el espejo, como se muestra en el ejemplo 8.17. Aunque es más típico colocar la melodía primaria en la mano derecha, colocar la melodía en la mano izquierda es un gran ejercicio para ayudar a enfocar la atención del oído en las melodías de la mano izquierda con la misma intensidad con la que se enfoca usualmente en la derecha.

A pesar de que el piano espejo puede causar un impresionante efecto en una ejecución de piano solo, podría ser más valioso durante la sesión de práctica. Practicar melodías *bebop* y transcripciones usando el piano espejo permite a la mano derecha transmitir buenos hábitos de digitación en la mano izquierda.

CONSEJOS DE JEREMY: ARPEGIOS EN POSICIÓN CERRADA

Aunque mantener una nota en la mano izquierda y cuatro notas en la derecha es típicamente la mejor estrategia para *voicings* de posición cerrada, hay momentos cuando el pianista puede cambiar el número de notas en cada mano para facilitar la dificultad de tocar pasajes complejos.

Tocar arpegios es más fácil si la mano derecha transmite algunas de las notas a la mano izquierda (ver ejemplo 8.18). Para un arpegio descendente, empieza con el pulgar de la mano izquierda y transfiere una nota a la mano izquierda por cada grado que el arpegio se mueve hacia abajo. Inclusive es posible tomar todas las cinco notas en la mano izquierda y uno en la derecha, tocado con el pulgar. Ahora, transfiere una nota de la mano izquierda a la derecha por cada grado que el arpegio asciende.

Ejemplo 8.18
Arpegios con *voicings* en posición cerrada

Dave Brubeck utiliza esta técnica de transferir notas de una mano a la otra para tocar un pasaje rápido en posición cerrada. Para tocar los tresillos en el ejemplo 8.19 a un *tempo* rápido, empieza con la clásica división de cuatro notas en posición cerrada en la mano derecha y una en la izquierda pero transfiere una segunda nota a la mano izquierda por la segunda nota de cada grupo de tresillos. Si la transferencia se ejecuta correctamente, este pasaje suena extremadamente imponente y requiere de un mínimo movimiento.

Ejemplo 8.19
Lick de tresillos con voicings en posición cerrada

Para un estudio más profundo

Brubeck, Dave. "Take the A Train." *Jazz Goes to College.* Columbia Records, 1954.
Green, Benny. "Green's Blues." *Green's Blues.* Telarc, 2001.
Green, Benny. "Love You Madly." *Naturally.* Telarc, 2000.
Ovsepian, Vardan. *Mirror Exercises.* Self-published book.
Peterson, Oscar. "Bye Bye Blackbird." *My Favorite Instrument: Exclusively for My Friends.* MPS, 1968.

9. ARMONIZANDO UNA MELODÍA CON VOICINGS EN MANOS JUNTAS, PARTE UNO

Los primeros ocho capítulos de este libro han tratado principalmente sobre divisiones desiguales de labor. En el *stride piano* y estilos de acompañamiento, la mano izquierda cubre tanto el bajo como el rango medio de los acordes para que de esa forma, la mano derecha pueda tocar la melodía e improvisar. Cuando la mano izquierda toca la línea de bajo, la mano derecha cubre frecuentemente la melodía y los acordes en el rango medio.

Muchos estilos de piano solo requieren una división de labor más equitativa en el cual la mano derecha toca la melodía, la mano izquierda el bajo y el rango medio de los acordes es cubierto por las dos manos. Aunque simplifique bastante el concepto, es útil pensar en el tercer, cuarto y quinto dedo de la mano derecha como los encargados de la melodía, el tercer, cuarto y quinto dedo de la mano izquierda dedicados al bajo; y los pulgares y meñiques de ambas manos dedicados a los acordes.

Ejemplo 9.1
Diagrama de las manos divididas para los acordes de solo piano

BAJO   ACORDES   MELODÍA

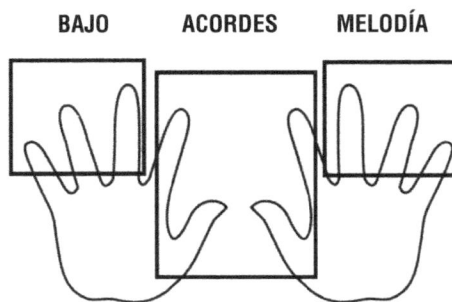

Armonizando una melodía

Una de las dificultades de tocar solo piano con *voicings* en manos juntas, *voicings* donde algunas notas son tocadas en la mano izquierda y otras en la mano derecha, es que estos *voicings* necesitan variar dependiendo de la melodía, Desafortunadamente, no existe una simple fórmula para *voicings* en manos juntas ya que son dependientes del rango y el repertorio de las alturas que componen la melodía.

Las siguientes reglas, las cuales sumarizan como armonizar una melodía, están en deuda con el pianista Edward Simon, quien se refiere a este proceso como **técnica de armonización de la melodía**. Dominar esta técnica requiere escribir y aprender armonizaciones para muchos temas diferentes antes de intentar armonizar una melodía espontáneamente.

Las reglas son las siguientes:

- Para empezar, crea acordes con un total de cinco notas; la melodía, el bajo y tres notas del acorde en el medio. La mano derecha siempre toca la melodía arriba; la mano izquierda siempre toca el bajo.

- Toma solo la melodía en simultáneo con el acorde del momento. Si hay un silencio en la melodía, utiliza solo cuatro notas y posiciona el acorde más bajo que la siguiente nota de la melodía. Si una nota se mantiene, toma esa nota como la melodía.

- Cada acorde necesita una tercera y séptima. Para acordes de sexta, la sexta reemplaza a la séptima. Para **acordes sus**, la cuarta reemplaza a la tercera.

- Completa el acorde de cinco notas con notas coloridas como la quinta y la novena. La trecena es una buena nota colorida para acordes mayores y de séptima dominantes. La oncena es otra buena nota colorida para acordes menores de séptima. Para acordes dominantes, utiliza tonos alterados como la quinta bemol, quinta sostenido, novena bemol y novena sostenido.

- No debería haber **duplicación**, o repetición de una nota. Hay tres casos en los que la duplicación es aceptable:

   a. Si la tónica esta en la melodía, duplica la melodía y el bajo.

   b. Si la tercera o séptima están ausentes del típico rango alrededor del Do central, es aceptable duplicarlos en su rango usual. Esto es frecuentemente un problema si la tercera o séptima están en la melodía en un registro alto. También puede ser un problema cuando la tercera o séptima es mantenida en la melodía pero el oído todavía quiere escuchar la tercera o séptima claramente expuesto como parte del acorde.

   c. La duplicación es aceptable para acordes semi-disminuidos, disminuidos e inversiones ya que hay limitadas opciones llamativas para tonos coloridos (ver capítulo diez).

- **La novena menor**, el intervalo de una octava mas un semitono, debería ser evitado. Muchos pianistas encuentran la novena menor como discordante. Por supuesto, Thelonious Monk buscaba frecuentemente las novenas menores, pero su estilo es la excepción en lugar de la regla.

- Evita **apilar terceras**, el patrón interválico de un acorde de séptima en estado fundamental, de ser posible. Una variedad más grande de espacio en los intervalos es preferido.

- Apunta por un espaciado equitativo. Evita crear *voicings* con un *cluster* en una parte del acorde y un espacio grande en el otro.

- Apunta a un relativamente buen *voice leading*. De ser posible, resuelve tensiones a notas adyacentes.

- Los *voicings* deben ser físicamente ejecutables. A pesar de que arpegiar acordes siempre es posible, si los *voicings* son muy ambiciosos pianísticamente, no serán particularmente muy útiles.

Danny Boy

La canción folclórica irlandesa *"Danny Boy"*, a veces conocida como *"Londonberry Air"*, será usada como ejemplo en el capítulo nueve y más allá (ver ejemplo 9.2). *"Danny Boy"* ha sido interpretado por algunos de los mejores músicos de jazz de todos los tiempos como Bill Evans, Hank Jones, Ben Webster, Sarah Vaughan, Harry Connick Jr., Barry Harris y Keith Jarrett entre otros.

Ejemplo 9.2
Primeros ocho compases de *"Danny Boy"*

El primer paso para formar una armonización de la melodía es simplificando la misma. Recuerda que solo la nota de la melodía que llega simultáneamente con el cambio de acorde será re-armonizada. El ejemplo 9.3 muestra cuales notas serán armonizadas e incluye la melodía original arriba del piano para referencia.

Ejemplo 9.3
Melodía simplificada para *"Danny Boy"*

Siguiente, selecciona las notas del bajo. El rango de las notas del bajo cambiarán dependiendo del rango de la melodía, pero el bajo debería estar generalmente entre Sol1 y Re3 (ver ejemplo 9.4).

Ejemplo 9.4
Rango de notas del bajo en estilo de armonización de la melodía

rango ideal del bajo

Al elegir la mejor octava para la nota del bajo, no hay necesariamente una respuesta correcta. Escoge una posición la cual te permita elegir una nota más baja, ya que las notas bajas dan un sonido más completo en general y permite más flexibilidad al elegir notas entre el bajo y la melodía (ver ejemplo 9.5).

Ahora, rellena con las notas del medio. Recuerda, el primer paso es estar seguro de que cada acorde contenga la tercera y séptima. La tercera está en la melodía para el primer acorde y está lo suficientemente bajo que no infringe la primera excepción de una duplicación. Por ende, la séptima y dos notas coloridas deberían ser agregadas.

Primero, agrega la séptima mirando entre la nota de la melodía y el bajo para lugares donde podría caber. En este caso, de las dos posibles octavas donde la séptima podría ser colocada, la posición más alta es preferible ya que los límites de intervalos más bajos causa que la octava más baja suene borroso. Escribe la séptima en la mano derecha ya que esa es la mano que tocará esa nota.

Ejemplo 9.6
Primer acorde con tonos esenciales

Siguiente, agrega dos notas coloridas. Recuerda, las notas coloridas para elegir son la quinta y la novena para todos los acordes, la trecena para acordes mayores y de séptima dominante, y la oncena para acordes de séptima menor. Para acordes dominantes, tonos alterados como la quinta bemol, quinta sostenido, novena bemol y novena sostenido también podrán ser usados. El primer *voicing* tiene un gran *cluster* arriba y un espacio grande hacia abajo, mientras que el segundo *voicing* posee un espacio incómodo en el medio.

Ejemplo 9.7
Posibles *voicings* para el primer acorde

Mirando el siguiente compás, la trecena está en la melodía. Ya que tanto la tercera como la séptima están ausentes, ambos grados deben ser agregados como primer paso (ver ejemplo 9.8). Hay solo un lugar donde colocarlos para evitar un *voicing* borroso que resultaría de una tercera en el rango bajo.

Ejemplo 9.8
Segundo acorde con tonos esenciales agregados

Siguiente, rellena con las notas coloridas. Debido a que la tercera y séptima ya han sido agregadas, solo una nota colorida es requerida para completar el *voicing* de cinco notas. Con la trecena ya presente en la melodía, la quinta y la novena son las mejores opciones. Cualquiera de los *voicings* en el ejemplo 9.9 funcionarán, aunque la última es la menos práctica ya que las notas del acorde se enciman con las próximas notas de la melodía. Cuando las notas se enciman, el pianista debe levantar los dedos que están tocando el *voicing*, resultando en un sonido más ligero.

Ejemplo 9.9
Posibles *voicings* para el segundo acorde

Entonces, cuál *voicing* debería ser usado? La elección final depende de la preferencia personal, facilidad de tocar con la melodía y el contexto. Cuando sea posible, selecciona *voicings* adyacentes que crean buen *voice leading* y requieren mínimo movimiento.

Siguiente, examina las notas de la melodía para los compases tres y cuatro. La tercera está en la melodía para el Mi menor séptima, la séptima está en la melodía para el La menor séptima, la tónica en la melodía para el Re séptima dominante y no hay ninguna nota para el Sol séptima dominante (ver ejemplo 9.10). Dado que el último acorde no tiene ninguna nota en la melodía en simultáneo con el acorde, este acorde será armonizado con solo cuatro notas y la nota más alta deberá estar más bajo que la siguiente nota en la melodía. Ahora la tercera y séptima, ausentes anteriormente, deben ser agregadas para los acordes de Mi y La menor séptima, y la tercera y séptima también para los acordes de Re y Sol séptima dominante. Al completar con la tercera y séptima, ten en cuenta el *voice leading* y trata de hacer el movimiento más fluido posible de un acorde al otro.

Ejemplo 9.10
Compases tres y cuatro con tonos esenciales

Por último, rellena con las notas de color. Para el Mi menor séptima, evita colocar la novena del acorde en la mano izquierda ya que esto formará un intervalo de novena menor con la melodía en Sol (ver ejemplo 9.11).

Ejemplo 9.11
Evitando la novena menor en el Mi menor séptima

El ejemplo 9.12 muestra potenciales *voicings* para los compases tres y cuatro. La oncena es usada como nota de color en ambos acordes menores y la oncena sostenido (quinta bemol) es usado como tono alterado para el Re séptima dominante. Nótese que la oncena sostenido, que introduce una tensión significante, resuelve fluidamente al La natural en el Sol séptima dominante. Esta solución es una de las tantas posibles para armonización de la melodía en estos compases.

Ejemplo 9.12
Voicings para los compases tres y cuatro

Ya que los pianistas hacen mucho esfuerzo para cubrir el bajo, melodía y los acordes al mismo tiempo, necesitan hacer uso de todos los recursos posibles. Los pianistas de jazz utilizan frecuentemente el **corner thumb,** la habilidad del pulgar de tocar dos notas consecutivas en teclas blancas o dos notas en teclas negras al mismo tiempo. Los pianistas solistas deberían usar el *corner thumb* lo más que se pueda ya que permite agregar más color a sus acordes sin necesidad de utilizar dedos que son necesarios para tocar otras notas o crear legato en la melodía. En el ejemplo 9.13, los corchetes indican en que lugar de la armonización de la melodía puede ser usado el *corner thumb* para *"Danny Boy"*.

Ejemplo 9.13
Corner thumb para *voicings* en manos juntas

El *corner thumb* es también útil para la mano izquierda. El ejemplo 9.14 muestra como el pianista puede agregar un *corner thumb* en la mano izquierda para los acordes de *"Danny Boy"*. Una sexta nota ha sido agregada al acorde en el compás dos para mostrar que los pianistas pueden usar el *corner thumb* en ambas manos simultáneamente.

Ejemplo 9.14
Corner thumb en la mano izquierda

Como ejercicio, toca una progresión de acordes estándar fuera de tiempo para usar un *corner thumb* para cada acorde. De ser posible, usa un *corner thumb* en ambas manos.

Para un estudio más profundo

Connick Jr., Harry. "Danny Boy." *Come By Me.* Columbia, 1999.

Evans, Bill. "Danny Boy." *Time Remembered.* Milestone, 1993.

Harris, Barry. "The Londonderry Air." *Listen to Barry Harris…Solo Piano.* Riverside, 1961.

Jarrett, Keith. "Danny Boy." *A Multitude of Angels.* ECM, 2016.

Jones, Hank and Haden, Charlie. "Danny Boy." *Steal Away.* Verve, 1995.

Milne, Andy. "Danny Boy." *Dreams and False Alarms.* Songlines, 2007.

Vaughan, Sarah. "Danny Boy." *It's a Man's World.* Mercury, 1967.

Webster, Ben. "Danny Boy." *King of the Tenors.* Norgran, 1954.

10. ARMONIZANDO UNA MELODÍA CON *VOICINGS* EN MANOS JUNTAS, PARTE DOS

Este capítulo examina ejemplos especiales de como crear *voicings* en manos juntas, incluyendo armonizando un clímax melódico, acordes disminuidos y semi-disminuidos e inversiones. Los últimos cuatro compases de *"Danny Boy"* serán usados como ejemplo en este capítulo (ver ejemplo 10.1). Estos compases han sido intencionalmente armonizados con acordes que crearán retos especiales en el proceso de armonización de la melodía.

Ejemplo 10.1
Últimos cuatro compases de *"Danny Boy"*

Armonizando un Clímax melódico

Un clímax melódico es típicamente la nota más alta de una melodía y es usualmente encontrada cuatro a ocho compases antes del final de una pieza. El clímax presenta un problema musical ya que mientras más alta es la melodía más deben estrecharse las manos para alcanzar los acordes en el rango medio.

Mientras que usar una nota más alta en el bajo parecería la mejor solución, usualmente es mejor dirigirse a las notas altas con movimiento contrario entre la melodía y el bajo ya que las notas más graves del bajo implican más resonancia, más volúmen y más soporte para el clímax melódico, el cual es típicamente la parte más ruidosa y más dramática de la melodía (ver ejemplo 10.2). Sin embargo, una nota grave en el bajo también significa que ambas manos tendrán que estrecharse más!

Ejemplo 10.2
Rango de bajo apropiado para un clímax melódico

Es importante armonizar el medio del acorde con grandes espacios entre las notas para que el acorde se sienta balanceado (ver ejemplo 10.3). Mientras que es posible crear una sonoridad decente para un acorde con las cinco notas estándar, agregar una sexta o inclusive séptima nota ayudará a rellenar el medio del acorde.

Ejemplo 10.3
Voicings de cinco, seis y siete notas para el clímax melódico

Muchos de estos acordes son imposibles de tocar con un ataque completamente simultáneo. Siempre es aceptable arpegiar un acorde o anticipar la nota del bajo para lograr que grandes acordes sean ejecutables. Si las notas del bajo son arpegiadas o anticipadas, asegúrate de que el acorde entero es capturado con el pedal para que el *voicing* pueda ser escuchado en su totalidad.

Ejemplo 10.4
Arpegiando o anticipando notas del bajo

Armonizando Acordes disminuidos y semi-disminuidos

Los acordes de séptima disminuidas y semi-disminuidas presentan problemas especiales para armonizar una melodía ya que los tonos coloridos se encuentran a veces fuera de la tonalidad o forman intervalos disonantes con otras notas del acorde. Estos acordes requieren conocimiento tanto de teoría musical como de un oído perspicaz. Los músicos necesitan determinar auditivamente si los tonos coloridos son realmente apropiados para el contexto armónico.

Al armonizar un acorde disminuido, como el Fa sostenido disminuido en *"Danny Boy"*, incluye la tercera y la séptima como cualquier otro tipo de acorde (ver ejemplo 10.5). Ten cuidado, la séptima podría verse como la sexta enarmónicamente.

Ejemplo 10.5
Tercera y séptima para el Fa sostenido séptima disminuida

Debido a que la trecena está en la melodía, solo una nota de color es necesaria para crear *voicings* de cinco notas. Al elegir tonos coloridos para un acorde disminuido, la quinta es siempre una opción segura. Adicionalmente, notas de la escala octatónica por tono/semitono, o sea la alternancia entre tonos y semitonos empezando de la tónica con un tono, pueden servir como tonos coloridos (ver ejemplo 10.6). Para este acorde, varias notas son buenas opciones para tonos coloridos, como el Sol sostenido, Si, Re, y Fa. Ya que el Re se encuentra en la melodía, no debería ser duplicado en el *voicing*.

Ejemplo 10.6
Fa sostenido octatónico tono/semitono

El centro tonal es una consideración al elegir tonos coloridos. Las notas diatónicas tienden a mezclarse mejor que las notas fuera de la tonalidad. En este caso, Fa y Si son diatónicas a la tonalidad de Do, por lo que serán menos disruptivos que el Sol sostenido. El ejemplo 10.7 muestra como tonos coloridos pueden usarse para formar *voicings* de cinco, seis o siete notas para el acorde disminuido.

Ejemplo 10.7
Voicings completos para el Fa sostenido séptima disminuida

En el ejemplo de arriba, fue fácil rellenar el acorde disminuido sin duplicarlo. Sin embargo, habrá casos en el que las notas necesitarán ser duplicadas o el *voicing* deberá ser reducido a cuatro notas.

Por ejemplo, si la melodía del mismo acorde hubiera sido un Mi bemol bajo, el acorde sería significativamente más difícil de armonizar. Dado que la tercera está en la melodía, la tercera debe ser agregada, como en el ejemplo 10.8.

Ejemplo 10.8
Formando un acorde de Fa sostenido séptima disminuida con la melodía más baja

Desde aquí, la quinta, el Do natural, es una buena adición. Sin embargo, agregar el Re, la trecena, formaría una novena menor con el Mi bemol. Fa y Si son posibilidades, pero ambos forman séptimas mayores con notas del acorde, el cual, técnicamente aceptable, pero distrae de la sonoridad original. En esta situación, la mejor solución es duplicar una de las notas del acorde para rellenar el *voicing*. El mi bemol es la mejor opción para duplicar ya que espacia las notas del *voicing* equitativamente (ver ejemplo 10.9).

Voicings para Fa sostenido séptima disminuida con melodía baja

quinta agregada | aceptable, pero hay una séptima mayor entre F♯ y F | doble E♭ – aceptable para un acorde disminuido | doble F♯ - aceptable, pero hay "terceras apiladas" en lo alto del voicing

Siguiente, mira el acorde de Fa sostenido semi-disminuido en el compás dos. Primero, manteniendo la melodía en Do, completa con la tercera y séptima (ver ejemplo 10.10).

Ejemplo 10.10
Formando un *voicing* de Fa sostenido semi-disminuido

bajo y melodía   con tonos esenciales agregados

Que tonos de color podrían ser agregados al acorde? La melodía ya utiliza la quinta bemol, así es que la novena, oncena y trecena son todas técnicamente posibles (ver ejemplo 10.11). Sin embargo, ya que los acordes semi-disminuidos son casos especiales, es importante tocar los acordes en el piano y escuchar que tonos coloridos se adaptan mejor a la armonía.

Para acordes semi-disminuidos, los pianistas pueden elegir entre una novena menor y una mayor. En este caso la novena menor es Sol natural y la mayor Sol sostenido. Ninguno es particularmente una buena elección. El Sol natural forma una novena menor con el bajo y el Sol sostenido está muy lejos de la tonalidad y distrae de la sonoridad del acorde.

La oncena, el Si natural, podría ser una opción aceptable, pero si es colocado en un registro más alto, forma un *cluster* de segundas entre el La y el Do, y si es colocado en un registro más bajo, crea una cuartas consecutivas el cual suenan muy modal para este contexto.

Para acordes semi-disminuidos, los pianistas pueden elegir entre una trecena más baja o más alta. La trecena más baja, el Re natural es la mejor opción para una nota colorida. Si, hace que el acorde suene como un Re séptima dominante con Fa sostenido en el bajo, pero se desliza en el siguiente Mi con finura sin alterar mucho el color del acorde. La trecena más alta, Re sostenido, es muy chocante armónicamente en este contexto.

Inclusive con todas estas opciones para tonos coloridos, simplemente duplicando la quinta, el cual crea un *voicing* menos colorido pero más claro, podría ser la mejor opción.

Voicings para Fa sostenido semi-disminuido

El segundo acorde semi-disminuido, el Mi semi-disminuido en el compás tres, es mucho más fácil de armonizar. La tónica está en la melodía, por lo tanto la tercera y séptima deben ser agregadas (ver ejemplo 10.12).

Ejemplo 10.12
Formando un *voicing* de Mi semi-disminuido

Aquí, solo una nota colorida debe ser agregada, y la quinta bemol es una elección natural ya que acentúa la sonoridad del acorde. El ejemplo 10.13 muestra cuatro formas diferentes en el que las notas del acorde semi-disminuido pueden ser organizados.

Ejemplo 10.13
Voicings para el Mi semi-disminuido

Creando voicings con acordes en manos juntas para Inversiones

Las Inversiones, acordes con notas en el bajo diferentes a la tónica, son comunes en armonía jazz estándar. Deben ser tratadas bajo reglas diferentes ya que poseen estructuras interválicas diferentes.

Al armonizar inversiones, la tónica se convierte en un tono esencial que debe ser agregada arriba del bajo. Con la tónica agregada a la tercera y séptima, existen ahora tres tonos esenciales que considerar.

Mirando el acorde invertido en el segundo compás de *"Danny Boy"*, la melodía y el bajo tocan ambos el Sol, la quinta del acorde. Cuando los tres tonos esenciales son agregados, crean un *voicing* completo de cinco notas (ver ejemplo 10.14).

Ejemplo 10.14
Acorde invertido solo con tonos esenciales

aceptable, pero
muy pesado arriba

mal espaciado, cuarta muy baja

Debido a que este acorde tiene todas las notas esenciales, es bueno agregar una sexta o séptima que proporciona color, como la novena o trecena (ver ejemplo 10.15).

Ejemplo 10.15
Acorde invertido con notas coloridas agregadas

De modo a explorar otro escenario común para inversiones, pretende que la tercera está en el bajo del Do séptima mayor en lugar de la quinta. El ejemplo 10.16 muestra como las notas esenciales que se encuentran ausentes, la tónica y séptima, pueden ser agregadas al acorde.

Acorde invertido solo con tonos esenciales

melodía y bajo

con tonos esenciales
agregados, tónica debajo
de la séptima

con tonos esenciales
agregados, séptima
debajo de la tónica

novena menor entre B y C

Algunos *voicings* interesantes pueden ser creados agregando la novena como tono colorido. En esta situación, duplicar la tercera es aceptable debido a que el oído puede no escucharlo en el rango medio, alrededor del Do central. El ejemplo 10.17 muestra algunas posibilidades de *voicings* con o sin la tercera duplicada.

Ejemplo 10.17
Voicing completo del acorde invertido con tonos coloridos

posible, pero no
muy armonioso

Otra forma de armonizar un acorde en primera inversión es armonizar el equivalente al acorde en estado fundamental. Cualquier acorde mayor en primera inversión es la misma a un acorde de séptima menor con una trecena bemol formado en la tercera. Por ejemplo, un Do séptima mayor con Mi en el bajo es lo mismo que un Mi menor séptima con la trecena bemol. Por el contrario, cualquier acorde de séptima menor en primera inversión es lo mismo que un acorde de séptima mayor formado desde la tercera. Por ejemplo, un Do menor séptima con Mi bemol en el bajo es lo mismo que Mi bemol séptima mayor. La única diferencia es que el acorde invertido debería probablemente incluir la trecena, la tónica original del acorde.

Con estas equivalencias en mente, los *voicings* pueden ser creados desde una perspectiva diferente, ir a través del proceso de armonización de la melodía con los equivalentes del acorde en estado fundamental (ver ejemplo 10.18). Muchos de los resultados son similares aunque el proceso sea diferente.

Ejemplo 10.18
Redefiniendo acordes en primera inversión como acordes en estado fundamental

El ejemplo 10.19 muestra una posible versión de los últimos cuatro compases de *"Danny Boy"*, incluyendo los *voicings* discutidos para tipos de acordes más inusuales.

Ejemplo 10.19
Últimos cuatro compases de *"Danny Boy"* con todos los *voicings*

Para algunos pianistas es difícil encontrar instantáneamente la posición de las manos para *voicings* grandes de seis o siete notas. El **juego congelado** es una técnica de práctica que ayuda a los pianistas encontrar acordes densos, rápida y eficientemente (ver ejemplo 10.20).

Las direcciones para el juego congelado son las siguientes:

1. Pausa después de tocar cada acorde y piensa en la posición de la mano para el siguiente acorde sin moverte. Mira las teclas del siguiente acorde o visualiza la forma de la mano.

2. Muévete rápidamente. Muévete los más rápido y directamente posible a las teclas del siguiente acorde sin necesariamente presionarlos y crear un sonido.

3. Chequea de vuelta para estar seguro de haberlo ejecutado correctamente.

4. Toca el acorde e inmediatamente pausa otra vez, pensando en la posición de la mano para el siguiente acorde sin moverte.

5. Repite este proceso para cada acorde, moviéndote cada vez más rápido entre los pasos uno y cuatro a medida que los movimientos se vuelven más cómodos.

Ejemplo 10.20
El juego congelado

| para y prepara la posición de la mano para el siguiente acorde | muévete rápido y directamente sin presionar las teclas | toca el acorde y prepara inmediatamente la siguiente posición de la mano | muévete rápida y directamente sin presionar las tecla | toca el acorde y prepara inmediatamente para la siguiente posición de la mano | repite con pausas cortas entre los acordes |

El juego congelado es efectivo ya que separa dos aspectos que son normalmente pensados como uno, moviendo a un acorde y realmente ejecutándolo. Mientras que es tentador concentrarse en tocar el acorde, el movimiento es lo que realmente demanda atención. El movimiento entre los acordes necesita ser preparado, directo y rápido.

Para pasajes especialmente complicados, ejecuta el juego congelado con manos separadas antes de hacerlo con manos juntas. Adicionalmente, practicar aislando las notas de los extremos, la melodía y el bajo, como guías antes de rellenar el medio del acorde. Sería mucho más fácil rellenar con las notas interiores una vez que es fácil encontrar la melodía y el bajo.

11. TOCANDO TEMAS SWING CON VOICINGS EN MANOS JUNTAS

Descifrar la mejor manera de armonizar una melodía es el primer paso para crear un exitoso arreglo de piano utilizando *voicings* en manos juntas. Las armonizaciones básicas necesitan ritmo, articulación, color, variedad y sorpresa para volverse piezas completamente desarrolladas. Este capítulo examina como transformar la armonización de una melodía en un arreglo *swing*.

A pesar de que *"Danny Boy"* se toca usualmente como una balada, este capítulo explorará formas de tocar esta canción en estilo *swing*. Practica tocando el ejemplo 11.1, el cual es una armonización de *"Danny Boy"*. En el ejemplo, la melodía es colocada en el mismo pentagrama con las notas del *voicing* debido a que el pianista necesita practicar tocando tanto el acorde como la melodía con la mano derecha.

Ejemplo 11.1
Armonización de *"Danny Boy"*, compases 1-4

Para transformar la armonización de *"Danny Boy"* a un arreglo *swing*, es necesario **aumentar** el ritmo doblando el valor de las notas, alargando estos cuatro compases a ocho (ver ejemplo 11.2). Al aumentar el ritmo se crea el espacio rítmico necesario para agregar síncopas estilo *swing* a la armonización.

Ejemplo 11.2
Versión aumentada de *"Danny Boy"*

Acorde y Bajo agrupados juntos

Los pianistas pueden acompañar con los acordes y el bajo juntos (ver ejemplo 11.3). Este agrupamiento resulta en dos partes, la melodía en la mano derecha y el acompañamiento compartido entre la mano derecha e izquierda. Al escoger ritmos para el acompañamiento, piensa en los patrones comunes de acompañamiento introducidos en el capítulo cinco y nota donde hay suficiente espacio melódico para agregar acompañamiento. Rellenar los espacios melódicos con acompañamiento es apropiado musicalmente, ya que los acordes rellenan los silencios, y físicamente pragmáticos, debido a que las manos del pianista no tienen que realizar demasiadas funciones al mismo tiempo.

El ejemplo 11.3 **personaliza la melodía**, eso es, varía levemente la melodía. Es importante personalizar la melodía tanto para agregar un estilo *swing* a través de la síncopa, como para dar suficiente tiempo para cambios complejos de digitación que podrían ser requeridos para acomodar el acompañamiento. Es importante no dejar que el acompañamiento interrumpa una melodía sostenida involuntariamente, pero en vez mantener cada nota de la melodía por su valor pretendido.

Ejemplo 11.3
Agrupando acorde y bajo juntos

En el tercer compás completo del ejemplo 11.3, la armonización incluye un La, la tercera del acorde. Que debería hacer un pianista cuando el La se mantiene en la melodía pero la misma nota es también parte de un *voicing* en manos juntas? Aquí, la melodía tiene prioridad. En lugar de soltar y volver a tocar el La para el acompañamiento, escoge un acorde simple de tres notas y permite que la nota de la melodía se mantenga ininterrumpidamente. El La puede regresar al *voicing* en el siguiente compás una vez que la melodía se ha movido a otra parte del piano.

A pesar de que el ejemplo 11.3 evitó en todo momento que la melodía toque simultáneamente con el acorde y el bajo, es común tocar la melodía y el acorde juntos. El ejemplo 11.4 muestra lo que pasa si el pianista mantiene el patrón de acompañamiento *Red Garland* al tocar la melodía de *"Danny Boy"*. Aunque el ejemplo 11.4 carece de la vivacidad rítmica del ejemplo previo, tiene un *groove* confiable que se siente firme y relajado.

Acordes y bajo juntos con el patrón de acompañamiento *Red Garland*

Todas las variaciones de acompañamiento del capítulo seis pueden ser usados para *voicings* en manos juntas, incluyendo *push-offs*, *sidestepping* y tonalización. Estas variaciones ayudan a que el acompañamiento suene más dinámico, colorido e independiente (ver ejemplo 11.5).

Ejemplo 11.5
Acordes y bajo juntos con variaciones de acompañamiento

Tres partes separadas

Otra manera de usar la armonización de una melodía es dar a cada una de las tres partes su propia identidad musical. Para crear un *feel* relajado en este estilo, mantiene el bajo en el primer tiempo o cerca, en cada compás y toca los acordes después del bajo en el final del primer tiempo o el final del segundo.

Ejemplo 11.6
Tres partes diferentes con el bajo mantenido

Considera adornar el bajo como fue tratado en el capítulo seis, utilizando recursos como el cinco-uno, repitiendo la nota del bajo que vino antes, introduciendo una nota del bajo un semitono de distancia, y utilizando saltos de octava, *turns* y doble bordaduras (ver ejemplo 11.7). Debido a que hay mucho que tener en cuenta entre las tres partes separadas, mantiene los adornos del bajo relativamente simples y cortos.

Ejemplo 11.7
Tres partes diferentes con adornos en el bajo

Para un estilo más alegre, usa notas cortas en el bajo, combinándolos con notas largas en lugares musicales importantes como cadencias o clímax melódicos. Este estilo tiene lugar para adornos más elaborados en el bajo y la misma nota del bajo puede ser repetida varias veces en un compás (ver ejemplo 11.8).

Ejemplo 11.8
Tres partes diferentes con notas cortas en el bajo

nota del bajo repetida varias
veces en un compás

notas largas para cadencia

Estilo Homofónico

Las tres partes pueden ser tocadas simultáneamente, creando una textura homofónica. En una textura homofónica, la melodía ocasionalmente descenderá por debajo de la armonización de la melodía. Para una melodía descendente, omite las notas más altas del acorde y acompañamiento utilizando un *voicing* más tenue o reposiciona la mano derecha para agregar más notas (ver ejemplo 11.9).

Ejemplo 11.9
Melodía descendente para *voicing* homofónico, tanto reposicionando como no reposicionando la mano

sin reposicionar la mano

reposicionando la mano

El ejemplo 11.10 muestra un versión homofónica de la armonización de esta melodía. Aunque ningún acorde está notado en el ante compás, un acorde de Sol séptima dominante ha sido agregado para crear una cadencia de cinco-uno resolviendo al Do séptima mayor en el primer compás.

Ejemplo 11.10
Estilo Homofónico

El estilo homofónico se beneficia en gran medida de trucos armónicos que ya han sido discutidos en este libro como *sidestepping*, tonalización y *planing*. **Sustituciones tritonales**, en las cuales el pianista reemplaza el acorde de séptima dominante con la dominante a una tritono de distancia, son útiles en este estilo ya que permiten al pianista minimizar los movimientos en progresiones sobre el círculo de quintas. El ejemplo 11.11 muestra una versión más colorida de la misma armonización de la melodía utilizando sustituciones de acordes.

Ejemplo 11.11
Estilo homofónico utilizando recursos armónicos

Combinando estilos

Al crear un arreglo de *swing*, no es necesario elegir solo un estilo de tocar la armonización de la melodía. Estos estilos pueden ser combinados de manera a crear un arreglo lleno de variedad y sorpresa (ver ejemplo 11.12).

Ejemplo 11.12
Armonización con estilos *swing* combinados

Aunque diferentes estilos han sido presentados en este libro como entidades separadas, a fin de cuentas no deberían mantenerse separados en una interpretación. Los pianistas usan *voicings* en manos juntas frecuentemente para rellenar la armonía al tocar otros estilos.

Al tocar *stride piano,* los pianistas ya se encuentran tocando una porción del acorde con la mano izquierda. Pueden usar la armonización de la melodía en el proceso para escoger notas del acorde que crearán un *voicing* en manos juntas. Para versiones más bajas del acorde, adhiérete a las reglas de armonización de la melodía. Al armonizar expresiones más altas del acorde, la tónica no necesita estar incluida, ya que el sonido de la misma se arrastra desde la expresión más baja. El ejemplo 11.13 muestra el *stride piano* con los acordes de la mano derecha en un estilo de armonización de la melodía.

Ejemplo 11.13
Stride piano con armonización de la melodía agregada

También es posible agregar elementos de armonización de la melodía a un patrón de mano izquierda al estilo Bud Powell, usando la mano derecha para rellenar las notas faltantes del *voicing* en manos juntas (ver ejemplo 11.14). En este ejemplo, el acorde es frecuentemente anticipado o retrasado para agregar síncopas a un *feel* swing.

Ejemplo 11.14
Bajo Bud Powell con *voicings* en manos juntas

Tocar la melodía y acompañamiento en la misma mano requiere frecuentemente de una digitación creativa. Una técnica de digitación particular de este estilo es **metiendo el meñique por debajo** del cuarto dedo para facilitar el descenso melódico legato.

El ejemplo 11.15 muestra los primeros compases del ejemplo 11.3 con la digitación agregada a la mano derecha. De manera a lograr un verdadero *legato* con los dedos, el quinto dedo debe pasar enfrente del cuarto y tocar la siguiente nota sin ningún silencio entre las dos notas. Este es el paso en movimiento.

Ejemplo 11.15
El paso en movimiento

Aunque es más común para el meñique usar el paso en movimiento para conectar entre las notas tocadas por el tercer y cuarto dedo, el cuarto dedo ocasionalmente también debe pasar por debajo de la tercera. Practica escalas descendentes con esta digitación inusual para que este movimiento se vuelva cómodo (ver ejemplo 11.16). Asegúrate de sacudir las manos y tomar descansos frecuentes al practicar estas escalas ya que los pianistas podrían desarrollar tendinitis al pasar largos períodos de tiempo en posiciones pianísticamente incómodas.

Ejemplo 11.16
Escalas practicando el paso de dedos

Para un estudio más profundo

Broadbent, Alan. "Journey Home." *Heart to Heart: Solo Piano.* Chilly Bin Records, 2012.
Evans, Bill. "What Kind of Fool Am I." *Alone Again.* Fantasy, 1977.
Fischer, Clare. "After You've Gone." *Just Me.* Concord, 1995.
Jones, Hank. "Have You Met Miss Jones." *Have You Met Hank Jones.* Savoy, 1956.
Shearing, George. "It's You or No One." *Piano.* Concord, 1989.

12. IMPROVISANDO CON VOICINGS EN MANOS JUNTAS

Debido a que los pianistas prefieren tener la mano derecha libre al improvisar, los *voicings* en manos juntas son usadas escasamente en la improvisación. Cuando es tiempo de improvisar, los pianistas frecuentemente eligen acompañarse usando *stride*, acompañamiento al estilo *stride* o líneas de bajo en vez de *voicings* en manos juntas. Aún así, hay veces en la que es ventajoso usar *voicings* en manos juntas en un solo. Este capítulo comparte algunas estrategias de improvisación con *voicings* en manos juntas y ofrece consejos relacionados a cuando abandonarlos y elegir otros *voicings*.

Utilizando Voicings en manos juntas

Una forma de facilitar la improvisación con *voicings* en manos juntas es creando una improvisación que se acerca a la melodía original. Los mismos *voicings* pueden ser usados si la improvisación incorpora notas de la melodía que arriban simultáneamente con cada cambio de acorde (ver ejemplo 12.1).

Ejemplo 12.1
Armonización de la melodía y variación melódica

Además de caer en las mismas notas de la melodía, las posiciones de la mano de la armonización de la melodía pueden ayudar a guiar una improvisación. Utilizar estas posiciones de la mano permite al pianista acceder a *voicings* de la armonización, aún si éstos no caen necesariamente en la nota original de la melodía (ejemplo 12.2).

Ejemplo 12.2
Improvisación usando las mismas posiciones de la mano que la armonización de la melodía

Otro modo de usar la armonización original es tocar en un estilo de pregunta-respuesta, con la mano derecha yendo y viniendo entre improvisación y acompañamiento. En este estilo, la mano derecha necesita tener tiempo de moverse entre el registro bajo y medio para que pueda tocar una porción del *voicing* en ritmo (ver ejemplo 12.3).

Ejemplo 12.3
Acompañamiento pregunta-respuesta

Aunque es más fácil atenerse a *voicings* preparados, el objetivo final del pianista debería ser familiarizarse con los *voicings* en manos juntas al punto de que puedan armonizar cualquier nota de la melodía con cualquier acorde instantáneamente. Con esta habilidad, pueden formular *voicings* rápidamente para cualquier nota improvisada que necesita ser armonizada. Nótese en el ejemplo 12.4 que el mismo acorde está notado de diferentes formas a medida que las notas de la melodía cambian.

Ejemplo 12.4
Improvisación con *voicings* ajustados para las notas de la melodía

Para lograr encontrar *voicings* en el momento, empieza escribiendo armonizaciones para múltiples melodías y aprende cada uno en el piano, como se discutió en el capítulo nueve. Para acelerar el proceso, practica armonizando los modos que van con cada acorde. El ejemplo 12.5 muestra una posible armonización para las notas de Do lidio.

Ejemplo 12.5
Armonización de la escala de Do lidio

Nótese que el ejemplo 12.5 no contiene la armonización perfecta para cada tonalidad. Debido a que los *voicings* dependen de límites de intervalos bajos, diferentes *voicings* sonarán bien o borrosos dependiendo de donde caen en el registro general del piano. En lugar de solamente transportar el ejemplo 12.5, trata a cada tonalidad como un ejercicio único.

Si un pianista puede armonizar nuevas notas de la melodía instantáneamente, puede practicar acompañando su improvisación con acompañamiento homofónico utilizando *voicings* en manos juntas, ajustando el *voicing* a medida que la melodía cambia (ver ejemplo 12.6). En este estilo, doblar las notas ocasionalmente es aceptable si ayudan a hacer un pasaje más fácil.

Ejemplo 12.6
Improvisando en un acompañamiento homofónico utilizando *voicings* en manos juntas

Para un reto particular que puede ser musicalmente emocionante, practica *voicings* homofónicos en manos juntas con el bajo y la melodía moviéndose en dirección contraria (ver ejemplo 12.7). Ejecutar este estilo efectivamente requiere un rápido acceso a *voicings* en manos juntas y mucha práctica con re-armonización (ver capítulo catorce) pero es un ejercicio gratificante para pianistas aventureros.

Ejemplo 12.7
Textura homofónica con movimiento contrario entre melodía y bajo

Compromisos del acompañamiento

Aunque las estrategias expuestas más arriba permiten al pianista usar *voicings* en manos juntas para la improvisación, otros tipos de *voicings* deberían ser utilizados cuando estos se vuelven poco prácticos.

A veces es necesario usar solo la parte de la mano izquierda del *voicing* en manos juntas. Por ejemplo, sería casi imposible usar *voicings* en manos juntas para acompañar con el ritmo *Red Garland* en la melodía en el ejemplo 12.2- La mano derecha es ocasionalmente muy densa rítmicamente o muy baja para tocar su parte del *voicing* de modo realista. En estos momentos, la parte de la mano izquierda del *voicing* se puede usar solo (ver ejemplo 12.8).

Ejemplo 12.8
Utilizando solo la parte de la mano izquierda del *voicing* en manos juntas

Los pianistas también pueden usar inversiones del acorde de manera a ajustar el *voicing* convenientemente bajo la mano o proveer variedad en el color del mismo (ver ejemplo 12.9). Las inversiones tienden a ser particularmente útiles a medida que la improvisación se mueve a un registro más alto ya que previenen a que los *voicings* se extiendan demasiado.

Ejemplo 12.9
Voicings en manos juntas usando inversiones

Cuando la improvisación de la mano derecha se mueve a un registro más alto, comúnmente los pianistas mueven la mano izquierda al registro medio y acompañan usando *shell voicings* en el rango medio (ver ejemplo 12.10). Bill Evans frecuentemente acompaña en el registro medio durante su improvisación después de tocar la melodía con *voicings* en manos juntas.

Moviendo la mano izquierda al registro medio

movimiento al
registro medio

de vuelta
abajo

Alternativamente, melodías más altas pueden ser acompañadas con acompañamiento *stride* y *shell voicings* de una mano como fue discutido en los capítulos cinco y seis. En estos casos, la mano izquierda cubre tanto la función de bajo y acordes mientras que la mano derecha improvisa libremente (ver ejemplo 12.11).

Ejemplo 12.11
Utilizando acompañamiento al estilo *stride* y *shell voicings* en una mano

acompañamiento
estilo stride

shell voicings
de una mano

acompañamiento
estilo stride

CONSEJOS DE JEREMY: *OUTLINING*

El *Outlining* es un recurso que aprendí de Sophia Rosoff, una profesora de piano clásico quien fuese discípula de la leyenda de la pedagogía del piano Abby Whiteside, y la profesora de clásico de grandes del piano jazz como Barry Harris, Fred Hersch, Aaron Parks y Ethan Iverson. El *outlining* fue originalmente creado para practicar música clásica, pero también puede ayudar a pianistas de jazz.

El **outlining** es el proceso de simplificar la música a su punto más básico para encontrar su esencia subyacente antes de rellenar con más detalles musicales. El *outlining* ayuda al oído a escuchar el amplio fraseo de la música en lugar de escuchar los pequeños movimientos de nota en nota y ayuda al cuerpo a coreografiar movimientos que acomodan los puntos principales de la frase antes de agregar los pequeños movimientos de los músculos de los dedos.

Un *outline* puede ser creado desde los primeros compases del "Preludio No 9 en Mi mayor" de Bach al escoger las notas que mejor representan los pulsos uno y tres (ver ejemplo 12.12). No hay necesariamente un *outline* correcto para una pieza. En este caso, los pulsos uno y tres son lo frecuentemente necesarios para proveer un sentido de la música lo suficientemente amplio para reducir el desorden la partitura. Distintos *outlines* pueden ser creados desde las notas del primer pulso o desde las notas de cada pulso del compás. Encontrar el *outline* correcto para una pieza puede requerir de "prueba y error", pero un buen *outline* puede resumir efectivamente el contenido musical del pasaje con solo unas cuantas notas.

Ejemplo 12.12
Outline del "Preludio No 9" de Bach de El Clave bien temperado, Libro 1

Similarmente, no hay solo una respuesta correcta al elegir la nota que mejor representa cada pulso. En el ejemplo 12.12, la mayor parte de las notas elegidas son simplemente las que caen en el pulso. Sin embargo, en los dos puntos marcados con asteriscos, las notas elegidas son las que no caen en el pulso pero son las que mejor representan el momento armónico.

Qué hace el pianista con un *outline*? Primero, practicarlo en su propia frase, sin pensar en las notas del medio. Toma decisiones acerca de como darle forma y que gesto físico expresará mejor la frase. Este es un buen momento para practicar movimientos que se originan no solo de las manos y dedos, sino también de los codos, la parte superior de los brazos y el torso. Aunque practicar un *outline* puede parecer simple, pasar tiempo con el mismo puede transformar la forma en que el pianista escucha la música al volver a la partitura.

Una vez que el *outline* se encuentra dominado, las notas que fueron eliminadas pueden ser agregadas de vuelta. Una vez que las notas eliminadas fueron introducidas de vuelta, mantén las formas y gestos del *outline*. Sophia llamaba a este proceso *"tucking in"* los pulsos, el cual significa que a medida que cada pulso es agregado, debería caber fácilmente dentro de la estructura del *outline*.

Tuck in los pulsos uno a la vez empezando desde el final del compás. Por ejemplo, empieza agregando las notas faltantes del cuarto pulso de cada compás del *outline* del preludio de Bach (ver ejemplo 12.13).

Ejemplo 12.13
Outline del "Preludio No 9" de Bach con el cuarto pulso agregado

Después de que las notas del cuarto pulso han sido *tucked in* exitosamente, continúa agregando los pulsos empezando desde el final del compás, comenzando con el tercer pulso, continuando con el segundo pulso y finalmente *tucking in* el primero, hasta que todas las notas de la partitura original de Bach han sido restauradas. A pesar de que la música de la partitura restaurada será la misma, el proceso de *outlining* dará a las notas un sentido de intención más profunda.

Improvisar *outlines* puede ser un lugar de partida útil para la improvisación de jazz. Al improvisar un *outline*, los pianistas deberían esmerarse en elegir *voicings* que resuman la progresión armónica con solo un *voicing* por cambio de acorde, muévete limpia y directamente entre *voicings* usando los codos y el torso, y crea cuanta música sea posible a pesar estar limitado a un concepto básico. Un *outline* improvisado para *"Danny Boy"* podría verse como el ejemplo 12.14.

Ejemplo 12.14
Outline improvisado con un *voicing* por cambio de acorde

Invierte horas improvisando *outlines* como el ejemplo 12.14, esforzándote para crear buena música a pesar las significantes limitaciones. Luego de practicar con un *voicing* por acorde, empieza *tucking in* los pulsos desde el final del compás. El ejemplo 12.15 agrega un *lead-in* de negra a cada cambio de acorde. Por supuesto, un *outline* improvisado será inherentemente diferente, pero ya que los *outlines* en los ejemplos están notados, los *voicings* del ejemplo 12.14 son usados como base del ejemplo 12.15.

Ejemplo 12.15
Outline improvisado con un *lead-in* de negra agregado

No hay una manera correcta o incorrecta de agregar acordes a un *outline*. El ejemplo 12.15 crea *lead-ins* desde una sola nota a un acorde entero. Los *lead-ins* pueden ser una disposición cromática hacia el siguiente acorde o una repetición o inversión del acorde que vino antes.

Continúa el *tuck in* de los pulsos hasta que el *outline* tenga una nueva nota o acorde cada negra, o para pianistas más ambiciosos, cada corchea. Ya que los *outlines* de corcheas se mueven muy rápido, usar notas sueltas tiende a ser más práctico y suena más organizado que usar acordes enteros para cada corchea (ver ejemplo 12.16).

Ejemplo 12.16
Outline improvisado con corcheas

El *outlining* ayuda al pianista a escuchar y sentir el fundamento rítmico de la música al descubrir maneras inusuales de construir alrededor de esa base. Es una buena forma de actualizar la interpretación de una pieza cuando se vuelve frustrante o viejo.

Para un estudio más profundo

Brubeck, Dave. "In Your Own Sweet Way." *Brubeck Plays Brubeck*. Columbia, 1956.
McPartland, Marian. "It's You or No One." *Live at Maybeck Recital Hall, Volume Nine*. Concord, 1991.
Walton, Cedar. "Someday My Prince Will Come." *Underground Memoirs*. HighNote, 2005.
Whiteside, Abby. *Abby Whiteside on Piano Playing*. Amadeus Press, 2003.

13. LA BALADA EN NEGRAS

Hay tantas formas de tocar una balada como hay pianistas de jazz. Los siguientes capítulos describirán los enfoques más comunes para tocar baladas en el estilo de piano solo.

Negras repetidas

En las **baladas en negras**, la negra repetida suavemente es ejecutada en una voz interna de un *voicing* en manos juntas. La negra repetida sirve para mantener el pulso, reemplazando las escobillas de la batería, que marcaría el pulso de una balada en un grupo más grande. Generalmente, este estilo de balada es tocado en corcheas continuas. Algunos pianistas modernos, incluyendo Keith Jarrett, Brad Mehldau y Fred Hersch, utilizan este método. Cuando se ejecuta bien, las baladas en negras ponen énfasis de lleno en la melodía y comunican el tema íntima y directamente con el oyente.

Típicamente, la nota repetida es tocada con el pulgar de la mano derecha o izquierda en el rango tenor, aproximadamente entre Do3 y Do4. Ocasionalmente, dos notas son usadas para mantener el pulso, comúnmente cuando el pianista está usando un *corner thumb*. Es imperativo que estas repeticiones sean muy suaves, casi inaudibles, que se sientan pero sin ser escuchadas.

La armonización de la melodía de *"Danny Boy"* del capítulo nueve servirá como base para los ejemplos en este capítulo. En el primer compás, el pulgar de la mano izquierda está muy bajo para que sirva como nota repetida (ver ejemplo 13.1). La nota más baja en la mano derecha, la cual toca dos notas usando un *corner thumb,* debería ser repetida. En el segundo compás, el pulgar de la mano derecha no debería servir como nota repetida ya que se superpone con la melodía, de esa forma la nota repetida se cambiará al pulgar de la mano izquierda.

Ejemplo 13.1
Balada en negras

Con la repetición de las negras resaltando ciertas partes del acorde, es fácil notar los beneficios de un buen *voice leading*. En el ejemplo 13.1, la línea creada por las notas repetidas desciende suavemente del Mi en el compás dos al Re y Do en el compás tres.

En los últimos cuatro compases de *"Danny Boy"*, el ritmo armónico se acelera a un cambio de acorde por pulso (ver ejemplo 13.2). Si el ritmo armónico ya se encuentra cambiando en negras, no hay necesidad de agregar pulsos de negra. Rellena solo cuando hay espacios libres.

Últimos cuatro compases de *"Danny Boy"* con pulsos de negra

Debido a que hay muchas notas en los acordes de la mano izquierda en el ejemplo 13.2, el pianista puede elegir otro dedo aparte del pulgar para la repetición y al mismo tiempo mantenerse en el rango tenor (ver ejemplo 13.3).

Ejemplo 13.3
Últimos cuatro compases de *"Danny Boy"* con el segundo dedo repitiendo

Introduciendo Tensiones

Las **tensiones** son notas introducidas en el pulso para crear suspenso y necesitan resolución. Típicamente, estas notas se encuentran a un tono o semitono de distancia de alguna nota del acorde.

Las tensiones se parecen mucho a las últimas dos partes de una suspensión en teoría clásica, la suspensión y resolución. Sin embargo, debido a que las notas tensionadas no son propiamente introducidas como suspensiones, el término "suspensión" no se aplica del todo. Como las suspensiones, las tensiones no deberían ser introducidas cuando la nota de resolución esté presente.

Muchas de estas tensiones serán familiares para los músicos con formación clásica. La tensión más común para introducir es una cuarta arriba del bajo que resuelve a una tercera arriba del bajo. También es común resolver una séptima arriba del bajo a una sexta arriba del mismo, particularmente para acordes en primera inversión.

Sin embargo, debido a que la armonía jazz permite muchas notas posibles del acorde, hay muchas tensiones que los músicos de jazz utilizan que sorprenderían a un teórico clásico (ver ejemplo 13.4). Por ejemplo, los músicos de jazz pueden "resolver" una séptima mayor a una séptima menor, una quinta justa a una oncena aumentada, o una novena aumentada a una novena menor. A veces, la armonía puede resolver hacia arriba. Por ejemplo, una quinta aumentada puede resolver a una sexta y una cuarta aumentada a una quinta.

La palabra "resolver" está entre comillas porque algunas de estas supuestas resoluciones simplemente cambian la sonoridad del acorde en lugar de resolver la disonancia. Aunque los adornos más típicos se mueven de un sonido más tenso a uno menos tenso, un cambio en el color es suficiente para crear movimiento en un arreglo de piano solo.

Ejemplo 13.4
Posibles combinaciones para tensión-resolución

El ejemplo 13.5 muestra los primeros compases de *"Danny Boy"* adornado usando tensiones creativas. En el primer compás, una quinta aumentada resuelve hacia arriba a una sexta. En el tercer compás, una séptima mayor resuelve a una séptima menor y una cuarta resuelve a una tercera. Finalmente, en el compás cuatro, una quinta justa "resuelve" a una oncena aumentada.

Ejemplo 13.5
Utilizando tensiones creativas

Las tensiones no tienen que ser necesariamente introducidas como parte de las negras repetidas. Las tensiones pueden ser introducidas en cualquier voz y lugar resolver adecuadamente en el siguiente pulso. Por ejemplo, en el cuatro compás de *"Danny Boy"*, aunque las negras repetidas están en la mano derecha, el pianista puede agregar negras en la mano izquierda que resuelven de la séptima mayor a la séptima menor, la séptima apropiada para un acorde dominante (ver ejemplo 13.6).

Ejemplo 13.6
Resolución lejos de la nota repetida

Además, múltiples tensiones pueden ser introducidas a la vez y estas tensiones no tienen que ser resueltas de la misma forma. El ejemplo 13.7 muestra dos ejemplos de tensiones introducidas y resueltas simultáneamente. En el primer ejemplo, tres notas resuelven juntas del primer pulso al segundo. En el segundo, dos tonos cromáticos resuelven en direcciones opuestas"

Ejemplo 13.7
Múltiples tensiones resueltas a la vez

Es común decorar tensiones con *turns*, repeticiones o *enclosures* que resaltan el movimiento interno. El ejemplo 13.8 muestra algunas formas de decorar los compases tres y cuatro de *"Danny Boy"*.

Ejemplo 13.8
Decorando tensiones y resoluciones

Una forma especial de decorar tensiones y resoluciones es doblarlos en octavas (ver ejemplo 13.9). Doblar las octavas solo sirve cuando la melodía se encuentra estática ya que requiere disponibilidad de los dedos de ambas manos. Si tiene éxito, doblar las octavas puede crear una sensación y sensibilidad orquestal en un contexto de balada.

Ejemplo 13.9
Doblando tensiones y resoluciones en octavas

Siendo creativo con el bajo y el registro superior

Además de mover las voces internas en un estilo de balada en negras, los pianistas pueden ser creativos con la melodía y el bajo.

Generalmente, el bajo es tocado simultáneamente con cada cambio de acorde y sostenido por la duración del acorde. Para agregar un sincopado, el bajo se puede mover una corchea en cualquier dirección, anticipando o siguiendo el cambio de acorde (ver ejemplo 13.10).

Ejemplo 13.10
Retraso del bajo y anticipaciones

Más allá del sincopado y retardo, es posible repetir y adornar las notas del bajo o formar *lead-ins* por grados conjuntos al siguiente acorde (ver ejemplo 13.11).

Además de rellenar el bajo, todo el registro superior se encuentra disponible para rellenar entre frases melódicas usando acordes o melodías (ver ejemplo 13.12). Debido a que la balada en negras posee un efecto más íntimo, los pianistas deberían evitar ser demasiado ostentosos, despliegues virtuosos y en su lugar optar por agregar solo algunos despliegues de color discretamente.

Ejemplo 13.12
Rellenando el registro superior

Tocando la melodía expresivamente

Tocar una balada en negras puede sentirse como encarnar a un solista y acompañante al mismo tiempo. Ya que se tiende a poner más énfasis directamente en la melodía, es imperativo que los pianistas aprendan a tocar la melodía expresivamente. Un recurso que los pianistas pueden prestar de los vocalistas es el **back-phrasing**, el cual consiste en tocar la melodía con un significativo retraso rítmico (ver ejemplo 13.13). Cuando se aplica el *back-phrasing*, los pianistas deben aprender la letra de la canción que están tocando y frasear la melodía de una forma que imite el ritmo, acentuación y significado de la letra. Aunque los pianistas se vuelvan ansiosos siguiendo la armonía, debería evitarse apresurar la melodía ya que esto destruye el estado calmo que caracteriza una balada en negras bien interpretada.

Ejemplo 13.13
Back-phrasing

Si el *back-phrasing* es posible, existe lo que podría ser llamado *forward-phrasing,* tocar la melodía antes de lo que indica la partitura? Lo hay, pero debido a que tocar un poco retrasado suena bien y tocar adelantándose puede sonar frenético, el *forward-phrasing* no es tan común como el *back-phrasing* (ver ejemplo 13.14).

Ejemplo 13.14
Forward-phrasing

Otra forma de personalizar la melodía es tocando las notas variando la articulación, incluyendo notas *legato,* *staccato, non-legato* y ligaduras de expresión de dos notas (ver ejemplo 13.15). Contar con variedad en la articulación provee a la melodía de una personalidad única y ayuda a distinguirla del acompañamiento más relajado.

Ejemplo 13.15
Tocando la melodía con articulación combinada

Los pianistas deberían cambiar el pedal parcialmente en cada negra al tocar una balada en este estilo (ver ejemplo 13.16). Levantar el pedal parcialmente es llamado **medio pedal**, aunque la profundidad real de un cambio de pedal apropiado depende de la regulación del mismo. El medio pedal queda bien al tocar este estilo de baladas ya que cambiar por completo el pedal por cada negra introduce silencios que crean una interpretación cortada mientras que manteniendo el pedal por varios pulsos sacrifica la claridad de la melodía.

A pesar de que el pedal está presente en cada pulso, es importante tocar la melodía con todo el *legato* de dedos que sea posible. Mientras que el medio pedal facilita conexiones entre los acordes y crea una atmósfera de intimidad, no es una herramienta efectiva para conectar una melodía *legato*.

Ejemplo 13.16
Pedal para baladas en negras

Con el fin de entender la idea de levantar el pedal solo parcialmente, tómate un momento para localizar las diferentes profundidades del pedal *sustain*. Sin tocar una nota, presiona el pedal completamente hasta abajo. Después de notar la profundidad del pedal, trata de encontrar dos puntos de profundidad iguales en la profundidad del pedal. Una vez que los dos puntos han sido localizados, sería posible encontrar tres? Cuatro? Cinco?

Siguiente, toca un solo acorde con el pedal abajo y experimenta levantándolo en diferentes puntos. Los resultados variarán de piano en piano y estos matices probablemente no harán ninguna diferencia en un teclado electrónico. Escuchar el acorde, la profundidad adecuada para el medio pedal será un lugar donde la cola del sonido persistirá pero el ataque primario desaparecerá.

Para un estudio más profundo

Blake, Ran. "You Stepped Out of a Dream." *Grey December: Live in Rome*. Tompkins Square Records, 2011.
Brubeck, Dave. "For All We Know." *Private Brubeck Remembers*. Telarc, 2004.
Hersch, Fred. "All of You." *Songs Without Words, Volume 3: Cole Porter*. Nonesuch, 2001.
Mehldau, Brad. "Someone to Watch Over Me." *Live in Tokyo*. Nonesuch, 2004.
Mehldau, Brad. "On the Street Where You Live." *10 Years Solo Live*. Nonesuch, 2015.

14. VARIACIONES DEL ESTILO BALADA EN NEGRAS

Una vez que la balada en negras se encuentra dominada, hay innumerables formas de variar la textura básica y crear diferentes estilos de baladas.

Agregando corcheas

Agregar *skip beats* de corcheas que conducen al primer y tercer pulso, crean un ritmo parecido al de un baterista tocando una balada con escobilla sobre la caja. Debido a que el ritmo que marca el tiempo suena mejor cuando se mueve de una nota más alta a una más baja, el ejemplo 14.1 incluye algunos ajustes con respecto a que notas mantienen el ritmo de las negras. A pesar de que no es una interpretación de *solo piano*, "For All We Know", de *Jasmine,* un álbum de Keith Jarrett a dúo con el bajista Charlie Haden, provee una gran demostración de este estilo rítmico.

Ejemplo 14.1
Balada en negras con *skip beats* que conducen al primer y tercer pulso

Alternativamente, los *skip beats* de corcheas pueden conducir al segundo y cuarto pulso, creando grupos de tres corcheas empezando en el primer y tercer pulso (ver ejemplo 14.2). Jarrett también utiliza este patrón, el cual puede ser escuchado en su versión de "Somewhere to Watch Over Me" del álbum *The Melody at Night, With You.*

Ejemplo 14.2
Balada en negras con *skip beats* que conducen al segundo y cuarto pulso

Una **balada en corcheas continuas** agrega corcheas entre todas las negras para crear una textura fluida de corcheas (ver ejemplo 14.3). Una manera fácil de crear una sonoridad completa en una textura de corcheas continuas es arpegiar los acordes de la mano izquierda en corcheas y al mismo tiempo manteniendo negras consistentes en la derecha. Esta textura de acompañamiento doble resulta en diferentes combinaciones de acordes y notas sueltas entre las manos.

Ejemplo 14.3
Balada en corcheas continuas

Para agregar riqueza a la armonía en una balada en corcheas continuas, creando díadas por debajo de la melodía en la mano derecha y arriba del bajo en la mano izquierda. Es particularmente importante agregar notas extra entre los pulsos donde la armonía cambia para que el oyente pueda escuchar el acorde con claridad antes de ser quebrados en arpegios (ver ejemplo 14.4). Los pianistas que piensan rápido pueden agregar díadas a casi cada corchea, resultando en un sonido de balada más denso y completo.

Ejemplo 14.4
Balada en corcheas continuas con díadas agregadas

Agregando Síncopa

Mover las negras repetidas de la balada en negras a los tiempos débiles crea una **balada al estilo ECM**, el cual es nombrado de esta forma por la discográfica europea famosa por el *groove* de corcheas fluidas (ver ejemplo 14.5). En este estilo, las negras repetidas en el "final del dos" y el "final del cuatro" no anticipan el siguiente acorde como lo harían en el *swing* o la *samba*.

Ejemplo 14.5
Balada al estilo ECM

La balada al estilo ECM suena mejor con acordes de dos o tres notas repetidas en los tiempos débiles en lugar de notas sueltas (ver ejemplo 14.6). Reorganizar elementos de la armonización sería necesario para crear estos acordes. El resultado puede ser tocado tanto con pedal para un efecto más flotante o con negras en *staccato* para un sonido más activo y cáustico.

Ejemplo 14.6
Balada el estilo ECM con acordes en los tiempos débiles

Para crear un *groove* que pueda pasar por un estilo genérico "Latin", agrega acordes en la mano izquierda en el primer pulso y el final del dos de la balada en este estilo. Nótese que en el ejemplo 14.7 y el resto de los ejemplos en este capítulo, la melodía de *"Danny Boy"* es aumentada para crear más espacio rítmico para diferentes *grooves*. Lo que previamente fue cuatro compases de la melodía con corcheas y negras ha sido re configurado a ocho compases de melodía con negras y blancas.

Ejemplo 14.7
Balada al estilo ECM con mano izquierda sincopada

Una **balada tango** puede ser creada agregando un estereotípico bajo de tanto al estilo ECM (ver ejemplo 14.8). El Tango es un arte muy variado y complicado que conlleva muchos años de estudio, pero esta simple línea de bajo se enfoca en enfatizar el tercer pulso con una nota alta y creando una fuerte conexión de acentuación entre el cuarto pulso y el primero. Nótese que a medida que la melodía va bajando, algunos concesiones musicales son requeridas para que el bajo, la melodía y los acordes repetidos puedan caber en el registro más bajo de piano.

Ejemplo 14.8
Balada Tango

Mientras que la balada al estilo ECM utiliza todos los tiempos débiles, un estilo parecido a la **bossa nova** puede ser creado combinando algunas negras en los tiempos fuertes y otras en los débiles. El **ritmo partido alto** es un punto de referencia útil por combinar negras en tiempos fuertes y débiles para un *feel bossa nova* (ver ejemplo 14.9). Mientras que el pianista no necesita adherirse estrictamente al ritmo partido alto al tocar una *bossa nova*, es un punto de partida muy útil para un acompañamiento de bossa nova.

Ejemplo 14.9
Ritmo partido alto

Además del ritmo partido alto, la *bossa nova* requiere de notas en el bajo en el primer y tercer pulso (ver ejemplo 14.10). La línea de bajo más típica en la *bossa nova* resalta la tónica y la quinta del acorde, a veces agregando un *skip beat* en el "final del dos" y el "final del cuatro" para enfatizar el tiempo fuerte.

Ejemplo 14.10
Bossa Nova

La balada en negras repetidas no necesita estar limitada a un compás de cuatro-cuartos. El ejemplo 14.1 muestra como los estilos más arriba mencionados se trasladan a un tiempo de tres-cuartos para crear diferentes variaciones de **baladas vals.**

Balada Vals

Balada Vals con corchea agregada

Balada Vals con corcheas continuas

Balada Vals estilo ECM

CONSEJOS DE JEREMY: LOS *VOICINGS* Y ESCUCHANDO DIFERENTES ELEMENTOS

Cuando los pianistas tocan acordes, usualmente quieren destacar una nota más que las otras. Resaltar esta nota se llama *voicing*. Si, es la misma palabra usada para describir *voicings* de acordes, pero con un significado diferente. Algunos pianistas dicen que para lograr el *voicing* ideal para una balada jazz, se debería tocar con los meñiques más bajos que los pulgares, como si estuvieran agarrando una pelota de basket. Esta posición ayuda al pianista a enfatizar el bajo en la mano izquierda y la melodía en la derecha.

Al practicar el concepto de *voicing*, el pianista necesita considerar dos aspectos primarios, el oído y los dedos. Antes de preocuparse por la técnica, es crucial que el oído sepa que nota está escuchando ya que gran parte del *voicing* se encuentra creando una ilusión auditiva de conexión entre las notas destacadas. Si el pianista escucha las notas destacadas claramente, hay una buena chance de que puedan resaltarlas al tocar. Una forma de practicar el aspecto auditivo del *voicing* es tocar la nota o notas destacadas con una mano y las notas que no se destacan con la otra mano, de esta manera el pianista puede evaluar distintas relaciones de dinámica para las dos partes sin que la técnica se interponga en el camino.

Otra manera de enfocar el oído a algún elemento particular es cantar dicho elemento mientras se toca el arreglo completo. Es posible tocar el arreglo completo y cantar la melodía al mismo tiempo? El bajo? La voz tenor? Para un reto particular, trata de solfear cada parte y tocar el arreglo entero al mismo tiempo (ver ejemplo 14.12).

Ejemplo 14.12
Solfeando cada parte

Una forma inusual de enfatizar cada elemento diferente es transportar sólo ese elemento un semitono y dejar el resto del arreglo en la tonalidad original (ver ejemplo 14.13). Transportar solo un elemento crea una sonoridad disonante pero obliga al oído y al cerebro a enfocarse en mantener la integridad de la línea transportada. Practicar este ejercicio podría volver loco a los vecinos, fomenta una mayor concentración para cada parte.

Ejemplo 14.13
Transportando sólo un elemento

Desde un punto de vista técnico, el *voicing* es difícil ya que el pianista necesita varias notas a diferentes velocidades sin sacrificar la simultaneidad del acorde. El pianista puede practicar el *voicing* tocando repetidamente la nota a destacar en el volúmen deseado antes de tocar el resto del acorde, acercar estos dos elementos con cada repetición hasta que se toquen casi juntos o juntos por completo. Para una práctica especial, el pianista puede practicar haciendo **ghosting** en las notas secundarias del acorde, eso es, presionando las teclas lo suficientemente lento para que los martillos no golpeen las cuerdas de modo a producir un sonido. Estos ejercicios ayudarán a fomentar un mejor control pianístico.

Para un estudio más profundo

Hersch, Fred. "Corcovado." *Fred Hersch Plays Jobim*. Sunnyside, 2009.
Jarrett, Keith and Haden, Charlie. "For All We Know." *Jasmine*. ECM, 2010.
Jarrett, Keith. "Someone to Watch Over Me." *The Melody at Night, with You*. ECM, 1999.
Mehldau, Brad. "The Bard." *Elegiac Cycle*. Warner Brothers, 1999.
Siskind, Jeremy. "Venice." *Simple Songs (for When the World Seems Strange)*. Brooklyn Jazz Underground, 2010.

15. LA BALADA RUBATO STOP-START

Los pianistas frecuentemente empiezan una ejecución de piano solo con una interpretación *rubato* de la melodía antes de moverse a un tempo consistente. Para personalizar la **balada rubato *stop-start***, los pianistas agregan adornos consistentes en *runs, bell tones,* improvisaciones y progresiones de acordes entre frases melódicas. La balada rubato *stop-start* ha sido interpretada con gran virtuosismo por Oscar Peterson y Art Tatum, con gran elegancia por Hank Jones y Kenny Barron y con un toque moderno por pianistas como Denny Zeitlin y Chick Corea.

Presentando la melodía con Simple Commentary

La melodía de la balada rubato puede ser presentada usando *voicings* en manos juntas creados a través de la armonización de la melodía. Empezando con la armonización de la melodía, el pianista primero debe descifrar donde agregar *commentary*. Las notas largas y silencios en la melodía son generalmente buenos indicadores para cuando pausar. Los lugares donde la letra de la canción tiene comas o puntos son generalmente buenos para agregar *commentary*. El ejemplo 15.1 utiliza calderones para indicar los lugares más naturales para agregar *commentary* para *"Danny Boy"*.

Ejemplo 15.1
"Danny Boy" con calderones indicando donde agregar *commentary*

Cada pianista debe determinar por sí mismo cuanto *commentary* desea agregar. Si el pianista toma ventaja de cada oportunidad para *commentary*, el resultado puede resultar en una interpretación irregular que nunca logra un efecto fluido. Las mejores baladas rubato *stop-start* son impredecibles, a veces acelerando la melodía sin parar y otras veces parando casi por completo y detenerse en un acorde por varios compases.

Una forma simple de agregar *commentary* es arpegiar los *voicings* en lugar de tocarlos simultáneamente (ver ejemplo 15.2). Los *voicings* pueden ser arpegiados de abajo hasta la melodía, de arriba hasta el bajo, o de formas impredecibles que crean una forma complicada y torcida. El segundo compás no es un lugar ideal para un arpegio ya que la melodía se mueve en el primer pulso, el mismo pulso donde entraría el arpegio.

Nótese que en los siguientes ejemplos, la música ha sido notada para caber igualmente en compases de cuatro-cuartos o dos-cuartos por una cuestión de facilidad para leer. Sin embargo, el *commentary* en este estilo no necesita caber limpiamente en una métrica en particular.

Ejemplo 15.2
Utilizando acordes arpegiados para extender frases

Otra forma simple de agregar *commentary* a la melodía es usando **bell tones,** octavas en el registro superior del piano (ver ejemplo 15.3). Los *bell tones* típicamente repiten la misma nota en varias octavas, pero los pianistas también pueden crear pequeñas melodías con *bell tones.* Las notas coloridas como extensiones superiores y tonos alterados aprovechan al máximo los *bell tones,* especialmente si esas notas fueron omitidas del *voicing* original. Por ejemplo, en el compás tres del ejemplo 15.3, el Fa sostenido es el *bell tone* ideal ya que la novena no fue incluida en el *voicing* original.

Ejemplo 15.3
Utilizando *bell tones* como *commentary*

Los *fills* de bajo también pueden ser usados como *commentary* entre frases melódicas (ver ejemplo 15.4). Escalas diatónicas, cromáticas, saltos de octava, y gestos de cinco-uno son buenas opciones para *commentary* de bajo.

Usando adornos virtuosos

Muchos pianistas usan adornos virtuosos como *commentary*. Estos adornos pueden reforzar la armonía que ha sido tocada o conducir a la siguiente nota de la melodía o siguiente acorde.

Las escalas pueden ser usadas como adornos virtuosos. Los pianistas eligen particularmente tocar escalas sobre acordes de séptima dominante ya que se pueden usar escalas coloridas como la hexatonal, octatónica y alteradas. El *commentary* escalar en el acorde de Re séptima dominante del ejemplo 15.5 usa dobles octavas imitando a Oscar Peterson. Siguiendo el ejemplo de Peterson, esta escala incorpora un pequeño cambio de dirección para crear una forma más interesante.

Ejemplo 15.5
Usando *fills* de escala como *commentary*

En lugar de tocar escalas directamente en forma ascendente y descendente, los pianistas pueden usar **patrones de escala**, un conjunto repetido de intervalos aplicadas a la escala. En el ejemplo 15.6, la escala octatónica utilizada en el Re séptima dominante repite un patrón de tres notas de un semitono ascendente, una cuarta ascendente y una tercera menor descendente. La escala hexatonal en el Sol séptima dominante desciende en tríadas aumentadas repitiendo un patrón de tres notas de dos terceras mayores descendentes seguido por una cuarta aumentada ascendente.

Ejemplo 15.6
Usando patrones de escala como *commentary*

Las escalas también pueden conducir a la siguiente nota de la melodía de la balada. En el ejemplo 15.7, la escala extendida reemplaza el *pickup* melódico. Estas escalas pueden empezar en la mano izquierda y transferir a la mano derecha. Las escalas cromáticas son usadas frecuentemente para conducir a las notas de la melodía en la música de pianistas como Hank Jones, Art Tatum y Earl Hines.

Ejemplo 15.7
Escala conduciendo a una nota de la melodía

Los arpegios son frecuentemente utilizados para crear *commentary*. Hay tantas variedades de arpegios para proveer una lista completa, pero los arpegios más coloridos en este estilo frecuentemente incluyen extensiones superiores o tonos alterados e incorporan cambios y giros en lugar de descender hacia abajo directamente. Una forma de crear cambios y giros es elegir una forma para el arpegio que se extienda más de una octava, como en el primer arpegio en el ejemplo 15.8. Arpegiando una forma que se expande más de una octava requiere que el pianista revierta la dirección y se mueva en dirección contraria por cada iteración del arpegio.

Los últimos dos compases del ejemplo 15.8 combinan un arpegio descendente con una escala ascendente. Combinando varios tipos de adornos resulta en un *commentary* complejo y diverso.

Ejemplo 15.8
Utilizando arpegios como *commentary*

Frecuentemente, los pianistas crean adornos en forma de arpegio utilizando ambas manos en conjunto que combinan díadas o tríadas con notas sueltas. Estos adornos son especialmente interesantes cuando los fragmentos en cada mano se mueven en direcciones opuestas, por ejemplo, si la mano izquierda toca dos notas ascendentes mientras que la mano derecha toca dos notas descendentes, como en el adorno del acorde de Mi séptima menor en el ejemplo 15.9.

Ejemplo 15.9
Combinando díadas y arpegios de notas sueltas

Otra opción para crear *commentary* significativo es improvisar en los espacios libres entre frases (ver ejemplo 15.10). Estas improvisaciones pueden tener cualquier duración y se pueden expandir sobre el acorde anterior, conducir al siguiente acorde, o ambos. Típicamente, la mano izquierda hará un acompañamiento, quizás retornando al registro medio para acompañar sin ninguna nota en el bajo o alternando entre las expresiones más bajas y altas del acorde.

Ejemplo 15.10
Utilizando improvisación como *commentary*

Repeticiones de octavas, reiteraciones del mismo acorde o una frase corta, arriba y abajo a través del piano, son alternativas fáciles de tocar y que poseen un sonido grande en lugar de arpegios y escalas rápidas (ver ejemplo 15.11). Intervalos disonantes como segundas, séptimas y novenas son comúnmente utilizadas para repeticiones de octavas ya que agregan contrastes discordantes a la hermosura de la balada. Las repeticiones de octava pueden ser tocadas solamente en la mano derecha o con un movimiento de alternancia de manos.

Ejemplo 15.11
Utilizando repeticiones de octava como *commentary*

Agregando progresiones de acordes

Progresiones cortas de acordes también sirven como *commentary* de buen gusto entre frases (ver ejemplo 15.12). La re-armonización y a donde apuntar armónicamente serán discutidos en profundidad en el capítulo dieciséis, pero los siguientes ejemplos usan dos recursos armónicos ubicuos ya discutidos en este libro, el dos-cinco-uno y las progresiones a través del círculo de quintas.

Progresiones de acorde agregadas pueden ser usadas para restablecer el acorde previo o conducir al nuevo acorde. En el ejemplo 15.12, las dos progresiones de acordes agregadas repiten el acorde previo, pero los últimos tres conducen a la siguiente armonía.

Progresiones de acorde agregadas pueden darse en el mismo registro que la armonización de la melodía o en una parte diferente del piano. Al decidir el registro, puede ayudar imaginando que instrumentos orquestales serían asignados a los acordes agregados. Por ejemplo, los violines y las violas podrían tocar los tres acordes del registro alto conduciendo al Fa séptima mayor en el ejemplo 15.12.

Finalmente, los adornos y figuraciones pueden ser agregados para decorar la nueva armonía. Los pianistas frecuentemente agregan *grace notes* a alguna nota del bajo para agregar énfasis, como se muestra en el Sol séptima dominante. Figuraciones arpegiadas, como los arpegios del Fa sostenido semi-disminuido y el Si séptima dominante, ayudan a agregar movimiento a la armonía.

Ejemplo 15.12
Agregando progresiones de acordes como *commentary*

Cuando las progresiones de acordes son usadas como *commentary*, puede volverse redundante tocar los acordes por debajo de la melodía. En su lugar, la melodía puede ser tocada en octavas dobles y los acordes pueden rellenar el registro medio (ver ejemplo 15.13).

Ejemplo 15.13
Tocando la melodía en octavas

Como fue mencionado previamente, es común insertar mas de un recurso sucesivamente o simultáneamente. Por ejemplo, un pianista podría usar *bell tones,* un arpegio y una escala que conduzca a la siguiente nota de la melodía consecutivamente durante el mismo calderón. O, podría improvisar en la mano derecha y al mismo tiempo agregar un *fill* en el bajo en la mano izquierda (ver ejemplo 15.14).

Ejemplo 15.14
Utilizando múltiples recursos de *commentary*

CONSEJOS DE JEREMY: ARPEGIOS EN BLOQUE

Los arpegios son una herramienta esencial para los pianistas de jazz ya que agregan drama, color y un impulso hacia adelante a la interpretación. Sin embargo, tocar arpegios rápida y precisamente es uno de los problemas técnicos más desafiantes en el piano.

Una estrategia útil es el **arpegio en bloque,** tocar los arpegios como acordes y luego separarlos lentamente en sus respectivas partes. Empieza tocando el primer arpegio del ejemplo 15.8 como un acorde vertical. Practica localizando el arpegio en diferentes octavas rápidamente con el metrónomo usando movimientos eficientes (ver ejemplo 15.15). Encontrar la posición de la mano rápidamente es el primer paso para tocar el arpegio de forma precisa.

Ejemplo 15.15
Arpegios en bloque

Una vez que el bloque se siente cómodo, comienza separando una nota del bloque (ver ejemplo 15.16). Ya que el cruce de un *voicing* al siguiente es usualmente uno de los aspectos más difíciles de tocar arpegios, esta etapa requiere una atención especial. No te esfuerces en lograr *legato* de dedos al tocar arpegios. Los arpegios se mueven muy rápido usualmente que los espacios entre las notas son inaudibles y conectar con los dedos solamente retrasa al pianista.

Arpegios en bloque pero separando la nota cruzada

Siguiente, separa las dos últimas notas, escuchando la igualdad y suavidad al incrementar el tempo (ver ejemplo 15.17).

Ejemplo 15.17
Arpegios en bloque pero separando las dos notas finales del acorde

Una forma parecida de practicar arpegios es dividirlas en bloques más pequeños (ver ejemplo 15.18). Por ejemplo, este arpegio puede ser dividido en grupos iguales de dos notas o en grupos desiguales de una y tres notas.

Ejemplo 15.18
Dividiendo un arpegio en bloques más pequeños

Para un estudio más profundo

Barron, Kenny. "Reflections." *Spiral*. Baybridge, 1982.

Corea, Chick. "Someone to Watch Over Me." *Expressions*. GRP, 1994.

Jones, Hank. "You Don't Know What Love Is." *Have You Met Hank Jones*. Savoy, 1956.

Hill, Andrew. "Darn that Dream." *Verona Rag*. Soul Note, 1986.

Peterson, Oscar. "Who Can I Turn To." *My Favorite Instrument: Exclusively for My Friends*. MPS, 1968.

Tatum, Art. "Yesterdays." *Piano Starts Here*. Columbia, 1968.

16. REARMONIZACIÓN

Virtualmente, cualquier interpretación de piano solo involucra algún grado de rearmonización, cambiar la armonía de una progresión agregando, reemplazando y removiendo acordes. La rearmonización, como es descripto en este capítulo, no implica necesariamente un removido armónico por completo que transforme el sonido del tema. La rearmonización también puede referirse a cambios y adiciones sutiles que los buenos pianistas realizan constantemente para personalizar un tema, crear movimiento armónico y color a una progresión.

Rearmonizando hacia un objetivo

Elegir un acorde como objetivo y luego agregar acordes que conducen lógicamente al objetivo, es una habilidad esencial para la rearmonización. Los acordes que llegan al objetivo pueden ser agregados a la progresión de acordes o reemplazar a los originales.

Hay algunas formas aceptables de llegar al objetivo de forma lógica. Incluyen:

- Círculo de quintas con acordes dominantes; todos los acordes dominantes con tónica descendiendo por quintas justas.
- Círculo de quintas con sustituciones tritonales; el círculo de quintas con cada segundo acorde reemplazado con su sustitución tritonal, creando una progresión de acordes dominantes descendiendo por semitonos.
- El **círculo de quintas diatónico (mayor)**; acordes en las tonalidades con tónica descendiendo por quintas diatónicas, incluyendo una quinta disminuida entre el cuarto y séptimo grado de la escala (ver ejemplo 16.1). El círculo de quintas diatónico incluye la progresión dos-cinco-uno y la famosa **progresión tres-seis-dos-cinco (iii-vi-ii-V)**.

Ejemplo 16.1
El círculo de quintas diatónico en Do mayor

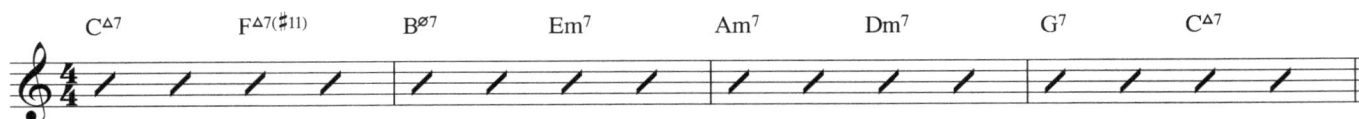

- **El círculo de quintas diatónico (menor);** acordes en una tonalidad menor con tónicas descendiendo por quintas diatónicas. Debido a que diferentes escalas menores usan diferentes sextas y séptimas, hay múltiples formas a través del círculo de quintas diatónico en menor (ver ejemplo 16.2).

Ejemplo 16.2
El círculo de quintas diatónico en Do menor

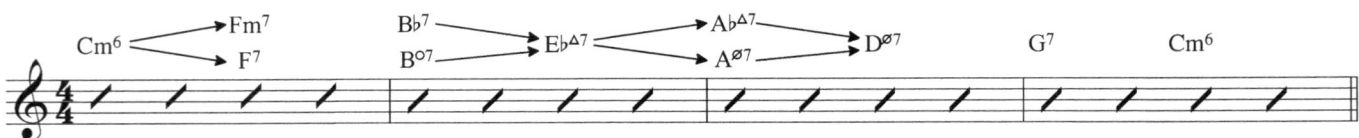

- *Sidesteps*, se aproxima al acorde previsto por semitonos, usando el acorde de la misma sonoridad.
- El sidestep **dos-cinco (ii-V)**; múltiples progresiones de dos-cinco consecutivas compensadas por semitonos, usualmente empezando desde arriba (ver ejemplo 16.3).

Ejemplo 16.3
Sidestep dos-cinco en Do mayor

Estas técnicas no pueden ser insertadas automáticamente en un tema ya que los acordes agregados a través de la rearmonización deben encajar con la melodía. Debido a que los acordes dominantes son capaces de armonizar otras cuatro notas de la melodía, los cuatro tonos alterados, que otros tipos de acordes, el círculo de quintas con acordes dominantes es el recurso de rearmonización más usado comúnmente.

Cualquier acorde puede ser el objetivo final. Para empezar, apunta al Fa séptima mayor en el compás dos de *"Danny Boy"*. Inclusive enfocándose solo en el círculo de quintas con acordes dominantes, las posibilidades se multiplican rápidamente. Muchas soluciones diferentes son posibles dependiendo de en que pulso empieza la armonización y en que ritmo armónico la rearmonización procede.

En el ejemplo 16.4, los primeros dos compases han sido armonizados de cuatro formas distintas, agregando acordes dominantes en el círculo de quintas. Nótese que algunos de estos ejemplos agregan al Do séptima mayor original y algunos reemplazan el acorde de Do séptima mayor.

Ejemplo 16.4
Aplicando el círculo de quintas con acordes dominantes

Nota como el sonido cambia si el círculo de quintas diatónico es usado en su lugar (ver ejemplo 16.5). Cuando se agregan acordes usando el círculo de quintas diatónico, selecciona acordes usando la tonalidad del acorde objetivo en vez de la tonalidad original o la tonalidad del acorde anterior.

Ejemplo 16.5
Aplicando el círculo de quintas diatónico

Para más posibilidades armónicas, un acorde que ha sido agregado a través del *aiming* puede volverse un nuevo acorde objetivo. Por ejemplo, en el ejemplo 16.6, una progresión de círculo de quintas diatónico conduciendo al Fa séptima mayor fue agregado usando el *aiming*. Un acorde de La bemol menor séptima puede ser agregado con *sidestep* al Sol menor séptima, con la consideración de que el nuevo acorde necesita una quinta bemol para acomodar la nota Re de la melodía.

Ejemplo 16.6
Apuntando *(aiming)* a un acorde agregado a través de una rearmonización

Finalmente, si un acorde es mantenido por unos cuantos tiempos, el pianista puede apuntar a cualquier pulso en el cual el acorde es mantenido, en efecto retrasando la armonía (ver ejemplo 16.7). Los pianistas deben confiar en su oído cuando la armonía se retrasa, ya que no todos los posibles retrasos suenan lógicos.

Utilizando *aiming* para retrasar la armonía

Inversiones

Usar inversiones ayudan al pianista a personalizar la armonía sin cambiar dramáticamente la estructura armónica del tema. Al invertir un acorde, considera la armonía entre el bajo y la melodía, evitando duplicar la nota de la melodía. Una forma de garantizar un sentido de conexión entre los acordes es crear una línea de bajo por grados conjuntos, especialmente uno que se mueva en una sola dirección. Crear una línea descendente por grados conjuntos cambia el tono de *"Danny Boy"* en el ejemplo 16.8.

Ejemplo 16.8
Utilizando inversiones para crear una línea de bajo por grados conjuntos

Además de cambiar la nota del bajo por cada acorde, un simple acorde mantenido puede ser expresado usando múltiples inversiones consecutivas para cambiar el color y crear movimiento armónico (ver ejemplo 16.9). Los pianistas usan frecuentemente un cambio de inversión para crear una conexión del bajo por grados conjuntos al siguiente acorde.

Ejemplo 16.9
Utilizando inversiones para crear movimiento armónico

A pesar de que no es exactamente una inversión, la sustitución tritonal es frecuentemente usada de una manera similar. Mientras que la sustitución tritonal comúnmente reemplaza un acorde dominante, también puede ser usada consecutivamente con el acorde dominante que reemplazaría, casi como si fuera una inversión diferente del acorde (ver ejemplo 16.10). De hecho, una sustitución tritonal no es muy diferente de la inversión de un acorde dominante que coloca la quinta bemol en el bajo.

Ejemplo 16.10
Creando movimiento armónico usando sustitución tritonal

Una **nota pedal,** un recurso en el cual el bajo permanece igual mientras que los acordes cambian más arriba, es frecuentemente utilizado para agregar contraste y crear tensión en una interpretación de piano solo (ver ejemplo 16.11). El quinto grado de la escala de la tonalidad actual es la nota pedal más común, pero es posible aplicar este concepto sobre otras notas como la tónica o tercera de la tonalidad. Los pianistas creativos pueden inventar posiblemente otras notas pedal que suenen coloridas, inclusive si no suenan tonal necesariamente. Por ejemplo, en su brillante álbum de piano solo, *Civil War Diaries,* Bill Carrothers crea una sensación de bitonalidad presentando canciones estándar del *American Folksongs* con notas pedal cromáticas.

Ejemplo 16.11
Utilizando una nota pedal

Aunque no tiene un estricto sentido musical, puede ser útil practicar temas usando la misma inversión, como primera o segunda inversión, para cada acorde desde el comienzo hasta el final. Saturar una pieza con inversiones abre los dedos y oídos a nuevos sonidos (ver ejemplo 16.12).

Ejemplo 16.12
Ejercicio con todos los acordes invertidos

Juegos de práctica de rearmonización

Aunque las rearmonizaciones pueden ser planeadas, los pianistas solistas creativos rearmonizan en el momento. Los siguientes juegos están diseñados para ayudar al pianista a practicar creando una rearmonización instantánea.

En ambos juegos, el pianista elegirá una nota inicial del bajo al azar moviéndolo hacia abajo solo por semitonos, eligiendo el modo del acorde que vaya con la melodía. Armonizar una nota de la melodía con una nota de bajo al azar ayuda al pianista a practicar encontrando acordes apropiados rápidamente.

En el primer juego, el pianista elige el ritmo armónico. Dependiendo del ritmo armónico, la armonización puede estar muy rellena como más espaciada. Cualquier tipo de acorde, incluyendo inversiones, está permitido siempre y cuando vaya con el bajo y la melodía. Si el pianista desea, puede practicar cronometrando el ritmo armónico para que las notas originales del bajo caigan en puntos de referencia importantes, lo cual hace una buena práctica espontáneamente apuntando a acordes durante la improvisación. Será necesario tocar una octava más arriba cuando la voz inferior esté muy baja.

El ejemplo 16.13 muestra tres resultados diferentes de este juego de práctica, cada uno empezando con una nota de bajo diferente. Ninguno de estos, bajo ninguna circunstancia, son las únicas armonizaciones correctas. Existe una infinidad de maneras de crear armonizaciones exitosas empezando en cada nota del bajo.

Invirtiendo nuevos acordes con un bajo descendente por semitonos

El segundo juego es un reto un tanto diferente. En este juego, el pianista todavía elige una nota de bajo inicial al azar y se mueve en forma descendente por semitonos, pero ahora debe mantener un ritmo armónico consistente (ejemplo 16.14). Cualquier unidad rítmica (negra, blanca o inclusive corchea) puede ser elegida del ritmo armónico aunque las unidades rítmicas más rápidas serán más difíciles. Este juego provee retos de armonización inesperados al yuxtaponer notas de bajo sorpresivas con la melodía original.

Inevitablemente, algunas frases melódicas serán imposibles de armonizar con las notas de bajo resultantes. Usa estas frases como una chance para inclinarte hacia algunas disonancias y ve si dichas disonancias pueden ser resueltas de forma lógica.

Ejemplo 16.14
Inventando nuevos acordes con un bajo descendente por semitonos usando un ritmo armónico consistente

Después de estos juegos usando semitonos descendentes, intenta otras combinaciones de intervalos, por ejemplo moviendo las notas del bajo alrededor del círculo de quintas, ascendiendo por semitonos, por tonos o descendiendo por tonos (ver ejemplo 16.15).

Ejemplo 16.15
Juegos de armonización usando otros intervalos

Recuerda, las armonizaciones resultantes no están diseñadas para ser usadas en una interpretación con público, aunque podrían inspirar un arreglo. Son simples ejercicios que el pianista puede usar para crear reflejos rápidos de rearmonización.

CONSEJOS DE JEREMY: PRACTICANDO ENCONTRAR ACORDES RÁPIDAMENTE

Los pianistas de jazz necesitan ser capaces de colocar los dedos en un acorde inmediatamente cuando llega la inspiración. Los siguientes ejercicios ayudan al pianista a mejorar su habilidad de encontrar posiciones de la mano para acordes de tres o cuatro notas.

Todos estos ejercicios deberían ser practicados con metrónomo, incrementando el tempo cuando se logre un dominio. El primer ejercicio practica inversiones. Elige una tríada o un acorde de séptima y practica las inversiones con ambas manos en movimientos paralelos. El ejemplo 16.16 muestra estos ejercicios usando una tríada de Fa menor y un acorde de Fa menor séptima.

Ejemplo 16.16
Ejercicio de inversión para Fa menor con movimiento paralelo

Siguiente, desafía a las manos a encontrar *voicings* independientemente de uno y otro practicando el mismo ejercicio en movimiento contrario (ver ejemplo 16.17). Este ejercicio requiere el rango entero del piano.

Ejemplo 16.17
Ejercicio de inversión para Fa menor en movimiento contrario

Estos ejercicios también pueden ser usados para acordes diatónicos dentro de un modo o escala. El ejemplo 16.18 muestra tríadas y acordes de séptima del modo Fa dórico tocado en movimiento paralelo y contrario (ver ejemplo 16.18).

Ejemplo 16.18
Ejercicio de inversión usando el modo Fa dórico

Triadas en movimiento contrario

Acordes de séptima en movimiento contrario

Hay infinitas variaciones de estos ejercicios. Por ejemplo, las dos manos pueden empezar en diferentes inversiones o en diferentes lugares en la escala de manera a que si se mueven de forma paralela, cada uno debe encontrar su propia forma (ver ejemplo 16.19). Adicionalmente, cambios de dirección y patrones interválicos de escala pueden romper la previsibilidad de movimiento por grados conjuntos. Finalmente, las inversiones pueden ser usadas para tocar el modo completo en lugar de acordes en estado fundamental.

Ejemplo 16.19
Algunas variaciones posibles para ejercicios de exploración armónica *(chord-finding)*

Acordes de séptima en movimiento paralelo empezando en diferentes inversiones

Fm⁷

Triadas organizadas en cuartas

Fm

Para un estudio más profundo

Collier, Jacob. *In My Room*. Qwest Records, 2016.
Corea, Chick. *Solo Piano: Standards*. Concord Records, 2000.
Hancock, Herbie. *The Piano*. CBS/Sony, 1979.
Jones, Hank. *Have You Met Hank Jones?* Savoy, 1956.

EXPLORACIONES MODERNAS

17. TOMANDO PRESTADO DE LA MÚSICA CLÁSICA

A pesar de que los orígenes del piano jazz comienzan a inicios del siglo veinte, la historia de la música para piano se extiende desde el siglo XVII e incluye algunos de los más grandes compositores de todos los tiempos, desde Bach y Beethoven hasta Brahms y Liszt. Muchos de los grandes músicos de jazz utilizan la música clásica pianística para inspirarse en sus solos de piano jazz.

Examinando la textura

Al tomar prestado de la música clásica, empieza examinando la textura de la música, eso es, la forma en que la melodía y los acordes son presentados en el piano. Una vez que la textura es entendida con claridad, puede ser reproducida para la melodía y acordes de cualquier otro tema.

La textura en el Nocturno en Mi bemol mayor, Op. 9, No 2 de Chopin es relativamente simple (ver ejemplo 17.1). La mano derecha toca una simple nota en la melodía en el registro soprano. Por cada pulso, la mano izquierda toca tres corcheas, una sola nota, una díada y una tríada. La nota suelta es la más baja, generalmente una función de bajo. La segunda nota es un intervalo abierto, usualmente una sexta. La tríada siempre repite la nota más alta de la díada como la nota del medio.

Ejemplo 17.1
Nocturno en Mi bemol mayor, Op. 9, No 2 de Chopin, compases 1-2

Con un entendimiento de esta textura, el pianista puede crear un arreglo Chopiniano de *"Danny Boy"* (ver ejemplo 17.2).

Ejemplo 17.2
Arreglo en el estilo del Nocturno en Mi bemol de Chopin

La división de las manos en el Nocturno de Chopin se transfiere fácilmente al jazz ya que se parece mucho al *stride piano*, con la mano derecha tocando la melodía mientras que la mano izquierda cubre el bajo y los acordes. El "Preludio en Do sostenido mayor" de Bach de *El Clave bien temperado, Libro 1* es un ejemplo un poco más complejo (ver ejemplo 17.3).

Ejemplo 17.3
"Preludio en Do sostenido mayor" de Bach, compases 1-4

La mano izquierda toca dos notas en cada compás, una nota en el bajo que sigue a la mano derecha en terceras y una nota pedal que repite en el registro tenor. La mano derecha toca semicorcheas constantes que forman una **melodía compuesta,** una sola nota en la melodía que insinúa varias melodías a la vez. La voz superior en la mano derecha toca una melodía simple por grados conjuntos mientras que la voz más baja rellena el acorde, principalmente repitiendo una nota pedal entre las notas de la melodía.

Ya que el estilo del preludio esta muy entretejido con la progresión de acordes y la melodía, sería difícil capturar todos los elementos en un arreglo de un estándar de jazz. Sin embargo, al seleccionar elementos útiles, es posible crear un arreglo que capture algo de la esencia del preludio. Por ejemplo, la mano derecha puede tocar una melodía compuesta con notas pedal repetidas (ver ejemplo 17.4).

Ejemplo 17.4
Mano derecha utilizando melodía compuesta

Siguiente, la mano izquierda puede tomar prestado la idea de Bach de armonizar la melodía de la mano derecha en décimas. Aplicado a *"Danny Boy"*, los resultados de hecho expresan la armonía bastante bien (ver ejemplo 17.5). A medida que la mano izquierda es agregada, unas cuantas notas de la melodía compuesta de la mano derecha necesitan ser ajustadas para acomodar la melodía de la mano izquierda.

En algún punto, un arreglo puede ser pulido sin imitar la pieza original ya que las texturas de piezas clásicas complejas no siempre tendrán concordancia dentro de un estándar de jazz. En otras palabras, las piezas clásicas deberían ser consideradas inspiraciones en lugar de destinos.

En este caso, el problema musical más grande es la diferencia incómoda de distancia entre las manos. Algunas notas deben ser agregadas al rango tenor para rellenar la armonía. Algunas notas del bajo deben ser cambiadas para acomodar nuevas notas en el rango tenor, y el pianista no debe dudar en hacer cambios musicales a medida que el arreglo se desarrolla (ver ejemplo 17.6).

Ejemplo 17.6
Arreglo pulido en el estilo de un preludio de Bach

Imitando más allá de la textura

A veces es imposible separar por completo la textura del contexto armónico. Por ejemplo, la textura es intrínsecamente vinculada a la armonía en (...*Voiles*) del primer libro de preludios de Debussy (ver ejemplo 17.7).

Ejemplo 17.7
(...*Voiles*) de Debussy, compases 1-6

La textura es muy simple. La pieza empieza con terceras sin acompañamiento y luego el bajo entra con una nota pedal *staccato* repetida. Sin embargo, es crucial para el sonido de la pieza que las terceras sean todas *mayores*. A pesar de que el modo de las terceras no es un aspecto de la textura, *per se,* especificar el intervalo ayuda a trasladar el sentimiento de otro mundo de Debussy a un arreglo. El ejemplo 17.8 utiliza terceras mayores y otros elementos de la música de Debussy que no están necesariamente ligadas a la textura, como las negras con puntillo y las pausas largas entre frases.

Ejemplo 17.8
Arreglo inspirado en *(...Voiles)* de Debussy

Una gran diferencia entre la forma en que músicos clásicos y de jazz abordan el piano es que los pianistas de jazz tocan principalmente acordes simultáneamente mientras que la música clásica pianística incluye muchos arpegios. Utilizando un compás de *Jeux d'eau* de Ravel, el ejemplo 17.9 demuestra como un arpegio es intercambiado entre las manos.

Ejemplo 17.9
Jeux d'eau de Ravel, compás 27

Debido a que hay un constante cambio de octavas, parecería ser que este pasaje sería un ejemplo incómodo para arreglar una melodía. Pero la música, cuando es reducida a su textura más sencilla, no es particularmente compleja. La mano izquierda toca simplemente quintas. La mano derecha empieza cada grupo entre las notas de la mano izquierda y arpegia hacia arriba con una octava entre las notas más bajas y altas.

Esta textura simple, sin los cambios de octava, puede ser usada para crear un arreglo imaginario de *"Danny Boy"*. Una versión básica de este arreglo se vería algo como el ejemplo 17.10.

Ejemplo 17.10
Arreglo de *"Danny Boy"* usando el estilo básico de Ravel

A pesar de que el resultado tiene un hermoso espíritu etéreo, no captura la armonía particularmente bien. La armonía puede ser expresada más claramente si alguno de estos parámetros específicos de la textura son aflojados. Por ejemplo, los parámetros pueden ser ajustados para permitir a la mano izquierda tocar una quinta o sexta en lugar de solo una quinta y permite a la mano derecha tocar arpegios que se expandan una octava o más en lugar de estar limitados estrictamente a una octava.

La inspiración de Ravel puede ayudar a refinar el concepto más profundamente. Así como en *Jeux d'eau*, la mano izquierda puede crear una salpicadura trémula al cruzar la mano derecha y repetir la figuración una octava más arriba durante momentos de inactividad melódica (ver ejemplo 17.11).

Arreglo de *"Danny Boy"* en el estilo de Ravel con parámetro sueltos

Inspiración orquestal

Más allá de la inspiración musical del canon del piano clásico, los pianistas también pueden buscar a la orquesta sinfónica para inspiración. Escuchar a Erroll Garner tocar *"Yesterdays"* del disco *Afternoon of an Elf,* la apertura de las octavas de la mano izquierda evocan una sección Wagneriana de metales con los trombones tocando acordes dramáticos, algunos de los cuales, incidentalmente, parecen ser prestados de Rachmaninoff.

Puede ser instructivo para el pianista imaginar diferentes combinaciones de instrumentos tocando diferentes partes del arreglo. Por ejemplo, *"Danny Boy"* podría ser tocado por un solista de trompeta acompañado por una sección de cuerdas. Para crear este efecto, la melodía, el cual es tocado por el solista de trompeta imaginario, debe ser tocado solamente con notas sueltas. Ya que el trompetista debe respirar, la melodía debe incluir espacios amplios entre frases melódicas. El acompañamiento de cuerdas puede ser imaginado en cuatro partes, con los primeros y segundos violines, violas y cellos tocando líneas individuales, ejecutados con un toque *legato* y un timbre suntuoso. La trompeta y las cuerdas podrían intercambiar frases en un estilo pregunta-respuesta como se muestra en el ejemplo 17.12.

Ejemplo 17.12
"Danny Boy" interpretado por trompeta y cuerdas

El arreglo debería cambiar por completo si la sección de cuerdas tocara **pizzicato,** pulsando las cuerdas en lugar de tocarlas con el arco. Ahora, acordes simultáneos deben ser reemplazados por entradas de staccato escalonadas (ver ejemplo 17.13).

Ejemplo 17.13
"Danny Boy" interpretado por trompeta y pizzicato

Un pianista puede imaginarse o imitar un arreglo orquestal entero, cambiando la instrumentación a medida que la música progresa (ver ejemplo 17.14). El arreglo podría empezar con dos flautas y un fagot tocando la primera frase, seguido por una barrida a través de un gran arpegio, marcando el comienzo de los cellos y bajos. Los cellos y bajos tocando la melodía en octavas serían luego acompañado por una sección de cuerdas mas un trío de cornos franceses.

Ejemplo 17.14
"Danny Boy" con una serie de cambios orquestales

Cuando se trata de posibilidades orquestales, el único límite es la imaginación del pianista. Como sonaría un oboe en un arreglo de piano jazz? El gruñido de un trombón? Un glockenspiel? Timbales? Una sección de cuerdas usando armónicos? Imaginar una orquesta en la punta de los dedos puede desbloquear nuevos y creativos arreglos.

CONSEJOS DE JEREMY: EL PEDAL *SOSTENUTO* Y TÉCNICAS EXTENDIDAS

Una posibilidad pianística que raramente se escucha en jazz es el uso del **pedal sostenuto,** el pedal del medio que sostiene las notas mantenidas cuando el pedal está presionado pero permite a otros sonar sin el *sustain*. En música clásica, este pedal es frecuentemente usado en composiciones de música del siglo veinte. En jazz, el pedal *sostenuto* estás más asociado con el brillante pianista de Boston, Ran Blake, quien ha lanzado numerosas grabaciones aventureras de piano solo.

Tristemente, el pedal *sostenuto* está limitado solamente a pianos de cola ya que los pedales del medio de la mayoría de los pianos verticales no tienen una función de *sostenuto*. Antes de usar el pedal *sostenuto*, asegúrate de que está correctamente regulado. La atención de un buen técnico es necesaria para asegurar que algunos martillos del piano se mantengan arriba mientras que otros regresan a su punto inicial.

En general, el pie izquierdo debería estar sobre el pedal *sostenuto*, ya que el pie derecho se encarga del pedal *sustain*, el cual es típicamente usado junto con el pedal *sostenuto*. El uso más común del pedal *sostenuto* es mantener una nota del bajo mientras que diferentes acordes se tocan más arriba. Intenta presionando una nota en el bajo y experimentando con cambio de armonías arriba del bajo como se muestra en el ejemplo 17.15. Nota que inclusive cuando el Do bajo en octava es repetido, el pedal no necesita ser cambiado ya que los martillos de esas teclas se mantienen levantados mientras que el *sostenuto* es presionado.

Ejemplo 17.15
Usando el *sostenuto* para sostener notas del bajo

El *sostenuto* también puede ser usado en lugar del pedal *sustain*. En el ejemplo 17.16, mantener el pedal *sustain* cambiaría las melodías cromáticas en un *cluster* disonante. Usar el pedal *sostenuto* permite a los acordes mantenerse mientras que la melodía cromática es tocada limpiamente.

Ejemplo 17.16
Pedal *sostenuto* con acordes y melodía

Las técnicas extendidas son formas de usar el piano para producir sonidos que no fueron originalmente diseñados para producir. Las técnicas extendidas incluyen percutir sobre el marco del piano, gritar sobre las cuerdas mientras que el pedal *sustain* se encuentra presionado, arquear las cuerdas usando una cuerda de nailon y crear un **piano preparado** colocando objetos como masillas, tornillos y papel en las cuerdas.

A pesar de que muchísimo se podría hablar sobre técnicas extendidas, puntear y rasgar las cuerdas del piano son probablemente la técnica más útil del *solo jazz piano*. Rasgar el interior del piano produce un sonido como de guitarra o arpa que multiplica las posibilidades orquestales del instrumento.

El pedal *sostenuto* es una herramienta esencial para rasgar exitosamente el interior del piano. Ya que los martillos necesitan ser levantados para que la cuerda vibre libremente, la mejor forma de rasgar un acorde específico es mantener presionada las teclas del acorde en cuestión, presionar el pedal *sostenuto*, luego soltar las teclas y rasgar las cuerdas (ver ejemplo 17.17). Es casi como un truco de magia – el rasgueo producirá el acorde intencionado.

Ejemplo 17.17
Rasgar las cuerdas usando el pedal *sostenuto*

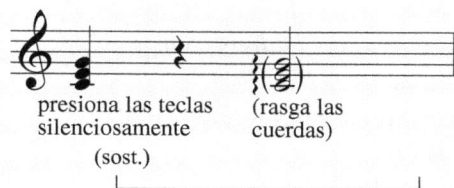

presiona las teclas silenciosamente (sost.) (rasga las cuerdas)

Hay otras maneras de usar el pedal *sostenuto* en combinación con alcanzar el interior del piano. Una es mantener el acorde y percutir golpeando suavemente hacia abajo en las cuerdas. Diferentes elecciones de posiciones de mano incluyendo curvar los dedos, dedos estirados o palma hacia abajo, crearán diferentes sonidos. Al sostener un acorde usando el pedal *sostenuto*, el pianista puede rasgar cerca de las cuerdas de notas individuales. Ya que solo los martillos de las teclas presionadas se levantarán, inclusive si el rasgueo no es preciso, sólo sonarán las cuerdas de una nota en cada área. Rasgar de esta forma deja una mano libre para tocar acordes o una melodía (ver ejemplo 17.18). Esta estrategia es más efectiva para acordes con intervalos amplios entre las notas. Gwilym Simcock utiliza esta técnica de buena manera al final de *"These Are the Good Days"* de su álbum, *Good Days at Schloss Elmau.*

Finalmente, los pianistas silencian las cuerdas presionándolas con los dedos o la palma de la mano al tocar la tecla correspondiente. Silenciar las cuerdas puede crear una variedad de efectos percusivos. Los pianistas interesados en el interior del piano pueden aprender a tocar **armónicos,** notas agudas que en realidad son tonos parciales del tono original, producidos al presionar una tecla y al mismo tiempo colocar un dedo en la cuerda correspondiente en un lugar que divide la cuerda en raciones y/o proporciones matemáticas precisas.

Explora el interior del piano con cuidado. Debido a que cada modelo de piano está construido de forma diferente, la disposición de las cuerdas y el marco serán distintos en cada piano. Usar diferentes modelos de piano en la práctica y en el concierto significa que hasta las preparaciones más minuciosas no serán exitosamente reproducidas en el escenario. De ser posible, investiga las especificaciones del piano a ser usado en el concierto y flexibiliza tus expectativas.

Para un estudio más profundo

Blake, Ran. "Field Cry." *Grey December: Live in Rome.* Tompkins Square Records, 2011.
Corea, Chick. *Solo Piano: Improvisations and Children's Songs.* ECM, 2010.
Delbecq, Benoit. *Nu-Turn.* Songlines, 2003.
Garner, Erroll. "Yesterdays." *Afternoon of an Elf.* Mercury, 1955.
Hancock, Herbie. *The Piano.* CBS, 1979.
Mehldau, Brad. *After Bach.* Nonesuch, 2018.
Say, Fazil. "Black Earth." *Say Plays Say.* Ada Müzik, 2014.
Simcock, Gwilym. "These Are the Good Days." *Good Days at Schloss Elmau.* ACT, 2011.
Tepfer, Dan. *Goldberg Variation / Variations.* Sunnyside Records, 2011.

18. UN ABORDAJE CONTRAPUNTÍSTICO

Otra manera de crear un arreglo de piano solo que desafíe el formato tradicional de melodía-acorde-bajo es crear una armonía combinando melodías entrelazadas. El capítulo doce discutía la creación de contrapunto homofónico que consistían en dos melodías tocando en sincronía rítmica. Este capítulo explora como improvisar arreglos enteros con múltiples melodías superpuestas.

Cualquiera que se tome en serio la música debe considerar estudiar **especies de contrapunto,** la formación tradicional para componer dos o más melodías juntas. A pesar de que muchos de los principios del contrapunto de especies se aplican al jazz, las reglas del contrapunto en jazz a fin de cuentas se resumen a una simple realidad – si suena bien, ¡úsalo!

Agregando Voces

Una forma de empezar a improvisar texturas contrapuntísticas es limitar el número de voces, o melodías de una sola línea, en el arreglo. Empieza con solo una voz, la melodía del tema, en la mano derecha, y practica hasta que puedas tocarlo perfectamente, con una forma clara, articulación variada, tono lírico y atención a la letra. Entonces, toca la melodía y al mismo tiempo improvisa una **contramelodía,** una melodía complementaria que mantenga su propia identidad melódica, en la mano izquierda (ver ejemplo 18.1). A pesar de que no hay reglas estrictas para improvisar a dos voces, estas son algunas consideraciones:

1. La contramelodía debería estar más activa cuando la melodía principal se vuelva estática o descanse y viceversa.

2. Maneja las consonancias y disonancias. Ambas son necesarias y deberían ser empleadas en efecto. Una contramelodía demasiado consonante sería probablemente muy aburrida. Una muy disonante sonará muy extraña a la melodía.

3. El movimiento contrario es el movimiento más confiable. Practica intencionalmente mover la contra-melodía en la dirección opuesta de la melodía principal.

4. Que ambas líneas sean melódicas. Alterna entre escuchar la melodía y la contramelodía para verificar si ambas son líricas, variadas y lógicas. Recuerda crear saltos interesantes en la contramelodía.

5. Comunica con la armonía. Resuelve disonancias e incluye notas del acorde importantes donde haya un sentido melódico.

6. No cruces voces donde es evitable. Mantén la voz superior en la parte más alta y la inferior en la parte más baja.

Ejemplo 18.1
Improvisación a dos voces

Para profundizar la experiencia, practica invirtiendo las voces, con la melodía en la mano izquierda y la contra-melodía en la derecha (ver ejemplo 18.2). Practicar con la melodía en la mano izquierda entrena al oído a escuchar la voz más baja con la misma intensidad con la cual escucha a la voz superior, un proceso que puede encender creatividad melódica.

Ejemplo 18.2
Creando una contramelodía en la mano derecha

Para una experiencia a dos-voces más profunda, practica limitando la contramelodía a una unidad rítmica constante (ver ejemplo 18.3). Por ejemplo, determina que la contramelodía debe tocar solamente en negras, tresillos de corcheas, o negras en el final de los pulsos. Los ritmos que crean una hemiola, como negras con puntillo y blancas con puntillo, también pueden ser usadas. Estos ejercicios ayudarán al pianista a obtener una coordinación magistral y libertad en una textura a dos voces.

Ejemplo 18.3
Utilizando ritmos constantes en una contramelodía

Cuando los pianistas pueden improvisar contramelodías contrapuntísticas con facilidad, pueden prepararse para agregar una tercera voz. Improvisar a tres voces es mucho más difícil que improvisar con dos ya que una mano debe acomodar dos voces a la vez. Una forma útil de prepararse para este reto es practicar tocando dos voces, una melodía y contramelodía, en una mano (ver ejemplo 18.4). Practica tocando la melodía principal tanto en la voz superior e inferior para preparar diferentes retos de digitación que surgirán.

Ejemplo 18.4
Practicando dos voces con una mano

Mano derecha: melodía en la voz superior

Mano derecha: melodía en la voz inferior

Mano izquierda: melodía en voz inferior

Luego, improvisa en una textura a tres-voces (ver ejemplo 18.5). Aunque practicar con dos voces en una mano requiere de una práctica significativa, en realidad, la voz del medio será compartida entre las dos manos, con notas más bajas en la mano izquierda y notas más altas en la derecha. A medida que el número de voces se incrementa, cada voz deberá volverse menos activa de manera a crear espacio musical y garantizar que el tema sea físicamente ejecutable. En las fugas de Bach a tres y cuatro voces, no todas las voces tocan una melodía distintiva todo el tiempo. Las voces frecuentemente se desprenden, se mueven en direcciones paralelas, o mantienen una nota larga. Mientras que cada voz debería tocar una melodía cantable, las diferentes voces no deben ser igualmente convincentes.

Ejemplo 18.5
Creando un arreglo a tres voces

Dedica un tiempo practicando a tres voces, colocando la melodía en cada parte diferente. Por supuesto, es particularmente difícil crear un arreglo satisfactorio con la melodía en la voz del medio (ver ejemplo 18.6).

Cuando la técnica de textura a tres voces es dominada, el siguiente paso es agregar una cuarta voz (ver ejemplo 18.7). De nuevo, a medida que nuevas voces son agregadas, cada voz tiene un papel más pequeño, y la voz inferior típicamente vuelve a su función de bajo en una textura a cuatro voces. En gran parte, las texturas a cuatro voces son tocadas con dos voces en cada mano, aunque ocasionalmente es posible tocar tres voces en una mano y solo una en la otra.

Ejemplo 18.7
Creando un arreglo a cuatro voces

Practica con la melodía en cada una de las voces posibles, para profundizar el conocimiento del contrapunto y porque tocar la melodía en diferentes voces puede ser una habilidad útil. Cambiar la voz que toca la melodía es una buena forma de crear contraste entre las diferentes secciones. Por ejemplo, si la melodía del tema está en la voz soprano en la primera sección A, el pianista puede crear un inmediato contraste al cambiar la melodía a la voz tenor para la segunda sección A.

Ejercicios para cuatro voces

Las texturas a cuatro voces son muy importantes en la música Occidental ya que reflejan la instrumentación de un coro o cuarteto de cuerdas. Los siguiente ejercicios capacitan al pianista a adquirir libertad máxima y creatividad dentro de una textura a cuatro voces.

La primera, la cual entrena la disciplina contrapuntística del pianista, consiste en improvisar en una textura a cuatro voces usando solamente los pulgares y meñiques, con el meñique de la mano derecha tocando la voz soprano, el pulgar de la derecha la voz alto, el pulgar de la izquierda el tenor y la meñique de la izquierda el bajo (ver ejemplo 18.8). Las limitaciones de digitación ayudan al pianista a rastrear cada voz y tomar más decisiones intencionales sobre como se mueven las voces. Las posiciones de las manos que el pianista descubre al practicar esta técnica pueden ser usadas como guía desde donde pueden rellenar con acordes más gruesos y los dedos interiores.

Ejemplo 18.8
Usando sólo los pulgares y meñiques

En sus corales, Bach a menudo mueve pares de **voces no adyacentes**, la voz soprano y tenor y el alto y bajo, juntos en décimas paralelas. Los pianistas pueden absorber la técnica de Bach al practicar improvisando en una textura a cuatro voces, dictaminando que un par de voces no adyacentes se deban mover en décimas paralelas (ver ejemplo 18.9).

Ejemplo 18.9
Moviendo la voz soprano y tenor en décimas

Un pianista ambicioso también puede intentar limitando ambos pares de voces no adyacentes a décimas paralelas (ver ejemplo 18.10). Limitar los dos pares de voces requiere de una intensa preparación mental.

Ejemplo 18.10
Moviendo dos pares de voces en décimas paralelas

También es útil practicar emparejando voces no adyacentes utilizando otros conceptos aparte de las décimas paralelas. Por ejemplo, un pianista puede mover la voz soprano y tenor solo en movimiento contrario (ver ejemplo 18.11).

Ejemplo 18.11
Voces emparejadas en movimiento contrario

Diferentes emparejamientos son también posibles. Las voces soprano y bajo puede ser emparejadas juntas en un grupo mientras que la voz alto y tenor pueden crear otro. Las posibilidades abundan! Por ejemplo, el bajo y el soprano podrían moverse en dirección contraria mientras que el tenor y alto son limitadas a **movimiento directo,** lo cual significa, moverse en la misma dirección, pero no necesariamente con los mismos intervalos (ver ejemplos 18.12).

Ejemplo 18.12
Voicings emparejados con grupos combinados

Por supuesto, los ejercicios de emparejamiento pueden ser practicados usando solo los pulgares y meñiques para un reto y claridad extra.

CONSEJOS DE JEREMY: TOCANDO DOS VOCES EN UNA MANO

Los pianistas que practican texturas a cuatro voces serán frecuentemente desafiados a tocar dos voces en una mano que se mueven a ritmos diferentes. Practicar ejercicios de escalas con dos voces en cada mano es una excelente preparación para este reto. Empieza practicando fragmentos de la escala en una voz mientras que la otra mantiene una sola nota (ver ejemplo 18.13). Practicar con sextas en los tiempos fuertes ayuda a acostumbrar a la mano a moverse hacia un intervalo consonante.

Ejemplo 18.13
Practicando dos voces usando fragmentos de la escala

Las dos voces también pueden compensar entre cual se mantiene y cual se mueve. Este ejercicio en el ejemplo 18.14 resulta en un acertijo de digitación incómoda que es similar a la que el pianista se encuentra al tocar en una textura a cuatro voces.

Ejemplo 18.14
Practicando dos voces intercambiando entre fragmentos de la escala

En el ejemplo 18.15, dos voces se mueven de forma ascendente a través de la escala a ritmos diferentes. Incluso si es imposible conectar ambas voces usando el *legato* de dedos, intenta que el ejercicio suene lo más conectado posible.

Ejemplo 18.15
Practicando dos voces moviéndose a ritmos diferentes

Debido a que las dos voces se mueven frecuentemente en diferentes direcciones, es importante practicar movimiento contrario en una sola mano. Los dos ejercicios en el ejemplo 18.6 son complicados de digitar pero ayudan a que el pianista obtenga un dominio contrapuntístico.

Ejemplo 18.16
Practicando dos voces moviéndose en direcciones opuestas

Para un estudio más profundo

Fischer, Claire. "Quiet Reflections." *Introspectivo*. M&L Music, 2005.
Hays, Kevin. "Open Range." *Piano Works III – Open Range*. ACT, 2005.
Hersch, Fred. "Ballad." *Songs Without Words, Volume 1*. Nonesuch, 2001.
Mehldau, Brad. "After Bach: Dream." *After Bach*. Nonesuch, 2018.
Siskind, Jeremy. "Homesick." *Perpetual Motion Etudes*. Outside In, 2020.

19. TEXTURAS EN MOVIMIENTO PERPETUO

Emplear **texturas en movimiento perpetuo,** abordaje pianístico en el cual una subdivisión elegida es rellenada por una o dos manos sin pausa, se ha vuelto una característica del piano jazz moderno. Las texturas movimiento perpetuo son especialmente atractivas para estilos de corcheas continuas, especialmente provenientes de la tradición rock y pop. Cuando se ejecuta con consistencia e ingenio, la textura movimiento perpetuo puede crear la sensación de un lecho de sonido, generando una energía rítmica vibrante, e introduce ritmos cruzados interesantes y sincopado.

Fundamentos del Movimiento Perpetuo

Una manera de crear movimiento perpetuo es simplemente proponer un patrón de acompañamiento en la mano izquierda que toque en una unidad rítmica constante (ver ejemplo 19.1). Un patrón de semicorcheas con el bajo en los tiempos fuertes y notas del acorde rellenando el espacio rítmico vacío encaja muy bien con la melodía de *"Danny Boy"*. Aunque mantienen un patrón y forma consistente, las notas en la mano izquierda son elegidas para evitar doblar notas en la melodía, así como en la armonización de una melodía.

Ejemplo 19.1
Patrón de movimiento perpetuo simple en la mano izquierda

El movimiento perpetuo se vuelve más interesante cuando la textura es compartida entre las manos. Una forma de crear una **textura en manos juntas** es tomar las notas más altas de la mano izquierda con la mano derecha. Las notas de la mano derecha pueden ser tocadas con una articulación más aguda que las notas en la mano izquierda, agregando acentos sutiles y síncopas. En el ejemplo 19.2, algunas partes de la melodía son sincopadas para poder acomodar la textura en manos juntas. Un ejemplo de esta textura bien ejecutada es *"Resignation"* de Brad Mehldau. Mehldau frecuentemente comparte el acompañamiento entre las manos en sus grabaciones de piano solo.

Ejemplo 19.2
Patrón simple de movimiento perpetuo en manos juntas

Una forma diferente de crear una textura en manos compartidas es omitiendo notas en el patrón de la mano izquierda que son concurrentes con la melodía para que las dos partes quepan juntas como engranajes de un reloj (ver ejemplo 19.3). El patrón de mano izquierda necesita ser significativamente más flexible en esta textura. En \ el ejemplo 19.3, la nota del bajo es frecuentemente tocada en el final del pulso, creando un sincopado intrigante.

Ejemplo 19.3
Textura en manos juntas con notas omitidas en la mano izquierda

La textura del movimiento perpetuo no necesita estar limitada a líneas de notas sueltas. Díadas y hasta tríadas pueden ser usados en texturas de movimiento perpetuo. Usar un *corner thumb* de mano derecha puede ser una forma vibrante de mejorar el efecto percusivo de la mano derecha (ver ejemplo 19.4).

Ejemplo 19.4
Textura de manos juntas con *corner thumb* de la mano derecha

El sonido de la textura movimiento perpetuo es particularmente intrigante si las dos manos se superponen con el pulgar de la mano derecha cruzando por arriba o debajo del pulgar de la izquierda (ver ejemplo 19.5). Superponer las manos ayuda a las diferentes partes a que suenen más integrados a medida de que crean acompañamiento rítmico.

Ejemplo 19.5
Textura de manos juntas con manos superpuestas

Otras posibilidades de Movimiento Perpetuo

Para un enfoque diferente, la textura de movimiento perpetuo puede estar limitada a la mano derecha, liberando la mano izquierda para agregar un *groove* rítmico por debajo de la textura de semicorcheas (ver ejemplo 19.6).

Ejemplo 19.6
Textura de movimiento perpetuo en la mano derecha

Por supuesto, el movimiento perpetuo no debe necesariamente repetir un patrón de cualquier tipo. Una línea improvisada sin un patrón en particular puede crear una textura de movimiento perpetuo. El ejemplo 19.7 muestra una línea improvisada compuesta por tresillos de corcheas, el cual produce un intrigante y ocupado contraste a la melodía.

Ejemplo 19.7
Movimiento perpetuo con melodía improvisada en la mano izquierda

Cuando ambas manos tocan en movimiento perpetuo usando acordes, el ritmo toma protagonismo, casi como si el pianista estuviera percutiendo el piano. Ya que es difícil tocar la melodía usando acordes constantes, el ejemplo 19.8 mostrará solo los acordes de *"Danny Boy"*. Funcionalmente, esta textura probablemente funcione mejor en una improvisación que en la presentación de una melodía.

Los pianistas pueden mantener una **textura percusiva** interesante por un pasaje extendido al combinar diferentes agrupamientos, usando múltiples versiones de un acorde, y superponiendo las manos. Combinar grupos de dos o tres crea una sensación de sincopado e imprevisibilidad. Usar múltiples versiones del acorde en cada mano, quizás tocando diferentes inversiones o moviendo una línea interna de adelante para atrás, construye otra capa de variedad rítmica encima del sincopado. Superponer las manos oscurece la simple dicotomía de alternar dos acordes.

Ejemplo 19.8
Movimiento perpetuo utilizando acordes

El movimiento perpetuo puede servir como base de una **textura puntilista,** eso es, una textura en la cual las notas aparentemente no guardan relación alguna pero juntas abarcan un todo (ver ejemplo 19.9). Para crear una textura puntilista, toca en movimiento perpetuo usando los intervalos más amplios posibles, mínimamente una quinta, entre notas consecutivas.

Debido a su naturaleza acelerada, las texturas puntilistas se asocian comúnmente con una sensibilidad musical jocosa. En ese espíritu, se siente apropiado agregar notas lejanas a la tonalidad así como también intervalos disonantes como segundas, séptimas y novenas.

Ejemplo 19.9
Textura puntilista

CONSEJOS DE JEREMY:
PRACTICANDO MOVIMIENTO PERPETUO

Improvisar en una textura de movimiento perpetuo requiere una conciencia intuitiva sobre la relación entre las manos así como también la habilidad de encontrar acordes rápidamente con ambas manos. Los siguientes ejercicios están destinados a preparar las manos para intercambiar líneas rápidas y variadas.

Para empezar, practica intercambiando grupos improvisados de dos notas entre las manos (ver ejemplo 19.10). Esfuérzate a usar variedad de intervalos, a pesar de que sería más fácil usar solo segundas o terceras. Recuerda que los grupos pueden ascender o descender. Cruzar las manos es una buena forma de crear una línea más variada. Practica empezando tanto en el tiempo fuerte como en el débil.

Ejemplo 19.10
Intercambiando grupos de dos notas entre las manos

Luego de practicar grupos de dos notas, practica grupos de tres, todavía tratando de variar la forma y los intervalos de cada grupo (ver ejemplo 19.11). Estos grupos crean una hemiola que se extiende sobre la línea divisoria en un compás de cuatro cuartos.

Ejemplo 19.11
Intercambiando grupos de tres notas entre las manos

Siguiente, trata de variar los ritmos. El ejemplo 19.12 muestra como combinar de grupos de dos en una mano y un grupo de tres en la otra.

Ejemplo 19.12
Combinando grupos de dos y tres notas

Siguiente, determina que algunas notas de los grupos sean díadas o tríadas. Usar díadas y tríadas fuerza a las manos a colocarse en posición inclusive más rápido que intercambios de notas sueltas. El ejemplo 19.13 combina grupos de tres en la mano izquierda con grupos de tres en la mano derecha mientras que cada mano toca una tríada en la primer nota de cada grupo.

Ejemplo 19.13
Utilizando díadas y tríadas

Diferentes grupos pueden ser combinados con diferentes unidades rítmicas como tresillos o quintillos para crear interminables combinaciones de intercambio de manos. Los pianistas deberían inventar sus propios ejercicios y retos basados en intercambio de manos.

Para un estudio más profundo

Mehldau, Brad. "Resignation." *Elegiac Cycle.* Warner Brothers, 1999.
Ovsepian, Vardan. *Abandoned Wheel.* Fresh Sound New Talent, 2001.
Simcock, Gwilym. *Near and Now.* ACT Music, 2019.
Siskind, Jeremy. *Perpetual Motion Etudes.* Self-published book and recording on Outside In, 2020.
Trotignon, Baptiste. "Urgencies." *Baptiste Trotignon Solo.* Effendi Records, 2003.

20. CONSTRUYENDO UNA INTERPRETACIÓN

Los primeros diecinueve capítulos de este libro exploran una amplia variedad de recursos y técnicas de práctica para tocar jazz piano como solista. Este capítulo examina formas de combinar esos recursos para crear un concierto entero de piano solo.

Es un reto bastante único el de construir un concierto de piano solo que esté lleno de contraste y continuidad. Por un lado, debido a que los pianistas solistas no se deben a otros músicos, pueden crear cambios espontáneos y consecuentes a la música así como lo deseen. Por el otro lado, ya que no pueden apoyarse en otros músicos para entrar con nuevos solos, cambiar platillos para diferentes colores, o apoyando al solista con figuras en segundo plano, los pianistas deben recurrir a otros medios para crear contraste.

Creando contraste a través del ritmo

Los pianistas comúnmente combinan *rubato* con un toque *a tempo* para crear contraste. Más comúnmente, los pianistas empiezan en *rubato* y luego tocan *a tempo* en algún lugar de la forma del tema. Por ejemplo, es común para los pianistas tocar un coro entero en *rubato* como una forma de introducción y luego tocan *a tempo* desde el segundo coro. Para una forma AABA, los pianistas frecuentemente tocan las primeras dos secciones como una balada *rubato* y luego tocan *a tempo* en la sección B, a veces regresando al rubato para la última A o manteniéndose *a tempo*.

En su versión de *"Skylark"* de *Live at Maybeck Recital Hall Volume Ten*, Kenny Barron toca la melodía una vez como *stop-start* balada *rubato* (ver capítulo quince) luego repite la melodía *a tempo* en estilo *stride* para el segundo coro. Entre el tercer y cuarto coro, Barron crea contraste a través de cambios sutiles de usar el pedal por cada negra de la mano izquierda a omitir el pedal y tocar *stride* en *staccato*. Luego del cuarto coro, Barron regresa al *rubato* y toca la última sección B y A en un estilo *stop-start rubato*.

Al tocar *"Sophisticated Lady"* en *Live at Whitney*, Duke Ellington empieza en *rubato* por las primeras dos secciones A, luego toca *a tempo* la sección B en un estilo *stride*. Al final de la sección B, regresa a un estilo *rubato* para la última A.

Cambiar de un *feel rubato* a un *feel a tempo* rítmico también puede ayudar a distinguir la introducción del cuerpo del tema. En *"Just in Time"* de *Blues for Myself*, Cedar Walton empieza con una introducción de *rubato* piano y luego prepara el tempo con una nota pedal para la presentación de la melodía. Similarmente, en su grabación de *"Lush Life"* en *Expressions*, Chick Corea toca el verso *rubato* y luego entra *a tempo* para la melodía principal, así como lo haría un pianista si estuviera liderando un trío.

Los pianistas también pueden crear contraste rítmico al **cambiar subdivisiones rítmicas.** Una forma común de cambiar subdivisiones es entrar en un *double time* entre la presentación inicial de la melodía y la improvisación, eventualmente regresando a un tempo más lento para la presentación final de la melodía.

El pianista armenio Tigran Hamasayan aborda de una manera diferente el cambio de subdivisiones para su composición épica *"What the Waves Brought"*, de su álbum *A Fable*. En la pieza de Hamasayan, la armonía está basada alrededor de un *vamp* de cinco acordes que se repiten entre dos métricas diferentes (ver ejemplo 20.1).

Ejemplo 20.1
Vamp de *"What the Waves Brought"* transcripto por Jeremy Siskind

Al comienzo de su improvisación, Hamasayan se enfoca principalmente en semicorcheas. Sin embargo, a medida que la música continúa, introduce nuevas subdivisiones. A la mitad del solo, empieza dividiendo el compás en ocho en lugar de seis, creando cuatrillos (ver ejemplo 20.2).

Ejemplo 20.2
Subdivisión de cuatrillos de *"What the Waves Brought"* transcripto por Jeremy Siskind

Más tarde en el solo, Hamasayan se toma un largo tiempo utilizando grupos rítmicos de quintillos, el cual divide el compás en diez pulsos (ver ejemplo 20.3).

Ejemplo 20.3
Subdivisión por quintillos de *"What the Waves Brought"* transcripto por Jeremy Siskind

Finalmente, a medida que el solo va terminando, Hamasayan cambia la subdivisión primaria a corcheas con puntillo, dividiendo los compases en cuatro partes iguales (ver ejemplo 20.4).

Ejemplo 20.4
Subdivisión de corcheas con puntillo de *"What the Waves Brought"* transcripto por Jeremy Siskind

La habilidad de Hamasayan de crear contraste a través de diferentes subdivisiones rítmicas mantiene el tema dinámico e intenso a pesar de la repetitiva progresión de acordes.

Construyendo contrastes a través de cambios de tonalidad y Medley

Debido a que los pianistas no son responsables de sus compañeros de banda, se encuentran en la libertad de cambiar tonalidades y hasta cambiar temas cuando deseen en una interpretación de piano solo. Muchos pianistas han usado estas técnicas para crear marcadores significativos en la forma.

Los cambios de tonalidad son una parte importante de la tradición del jazz piano solo. Bill Evans crea contrastes al cambiar subdivisiones rítmicas durante su interpretación de *"Here's that Rainy Day"*, como fue previamente mencionado. Pero sus cambios de tonalidad crean un contraste igualmente sorprendente. En cada punto de referencia importante, Evans modula hacia abajo por una tercera mayor. Toca la melodía inicial en Si mayor, luego modula a Sol mayor para el solo. Luego modula de nuevo una tercera mayor descendente a Mi bemol mayor para la primera mitad de la presentación final de la melodía, luego regresa a la tonalidad inicial de Si mayor para la segunda mitad de la melodía. Esta elección de modular por terceras no es aleatoria, de hecho refleja la armonía única del tema. *"Here's that Rainy Day"* se mueve por una tercera mayor del primer al tercer compás.

Cuando Hank Jones toca su arreglo de *"The Very Thought of You"*, el cual lo grababa e interpretaba frecuentemente a lo largo de su carrera, empieza con un patrón de mano izquierda *"Peace Piece"* en Re mayor. A mitad de la melodía, Jones para y arpegia un acorde de Si bemol séptima dominante antes de empezar el solo en *double-time* en una nueva tonalidad, Mi bemol mayor.

Después de un coro y medio de improvisación, vuelve a detenerse y arpegia un acorde de La séptima dominante que modula de vuelta a Re mayor en donde termina con la segunda mitad de la melodía. Su interpretación es como un sándwich con las dos mitades de la melodía en Re mayor como el pan y la improvisación en Mi bemol mayor como la parte del medio.

Los **Medleys**, interpretaciones que combinan múltiples canciones sin interrupción, son populares en la tradición de solo piano ya que los pianistas pueden hacer una transición a cualquier tema que sepan en el momento. La ya mencionada interpretación de *"Sophisticated Lady"* de Duke Ellington en el Museo Whitney, hace la transición suavemente a otro tema de Ellington, *"Solitude"*. Hacer la transición entre estos dos temas también significa cambiar la tonalidad, La bemol mayor y Re bemol mayor.

En el fabuloso álbum de Earl Hines, *Live at the New School*, interpreta varios popurrís, los cuales denomina como *"Fats Waller Medley"*, *"International Medley"* y *"West Side Story Medley"*. Otro *medley* no posee título alguno más que *"Medley"*, pero incluye canciones como *"When the Saints Go Marchin' In"*, *"Along the Santa Fe Trail"* y *"Perdido"*.

Keith Jarrett crea una clase de *medley* completamente diferente en el álbum *The Melody at Night, with You*. Seguido de una versión de *"Blame It on My Youth"* de Oscar Levant, Jarrett improvisa una coda que luego decidió tenía una suficiente identidad musical para ser renombrado de forma separada, *"Meditation"*. Jarrett reintroduce elementos del tema de Levant al ir concluyendo su "Meditación", cerrando la interpretación satisfactoriamente.

Construyendo contrastes a través de la Orquestación

Otra manera de crear contraste es cambiando la forma en que las piezas son orquestadas en el piano. Por ejemplo, al tocar *"Get Happy"* en su fabuloso álbum *10 Years Solo Live*, Brad Mehldau empieza tocando melodías de notas sueltas, luego se instala con un punto pedal *ostinato* con melodías entrando desde arriba y abajo. Luego de una presentación de la melodía "seudo stride", abandona una vez mas los acordes regresando a una línea melódica de notas sueltas. La interpretación conjura instrumentos de una orquesta entrando y desprendiéndose, con sus propias identidades melódicas a medida que la música se expande y contrae.

La interpretación de *"Perdido"* de Oscar Peterson, fue previamente mencionada en el capítulo siete ya que Peterson utiliza una línea de bajo con *broken-feel* en la mano izquierda. A pesar de que Peterson usa este tipo de bajo para la melodía y tres coros de improvisación, el tema continúa con varias transformaciones. Lo que sigue después, Peterson crea un ciclo a través de una sección "estilo coral" a una textura homofónica, *voicings* en posición cerrada sin bajo, un *stride piano* rápido en la izquierda, líneas rapidísimas de octavas dobles, y una melodía de notas sueltas con acompañamiento en la mano izquierda antes de regresar al estilo de bajo *broken-feel.* Para cuando termina, Peterson ha llevado al oyente a un viaje de impactante virtuosismo y un *swing* cautivador.

Practicando la forma

Al escuchar cualquier pieza de piano solo, presta atención a como y donde el pianista crea contraste. Típicamente, los pianistas hacen grandes cambios en puntos importantes de la forma, como el comienzo de un coro o el punto medio de un tema en la forma estándar de 32 compases. A algunos pianistas les gusta cambios limpios y repentinos mientras que otros prefieren hacer una transición más lenta de un estilo a otro.

Es muy útil practicar de diferentes maneras predeterminadas y los pianistas son muy juiciosos al planear interpretaciones solistas de manera a que cada coro suene único. Por ejemplo, practica tocando diferentes temas con indicaciones que se vean de esta forma:

> Coro 1: Melodía, balada *rubato stop-start*
>
> Coro 2: Repetir melodía, a tempo, acompañamiento *stride* en la izquierda
>
> Coro 3: Improvisación, acompañamiento *stride* en las secciones A, *broken-bass* en la sección B
>
> Coro 4: Improvisación, *stride* en las secciones A, octavas dobles en la sección B
>
> Coro 5: Improvisación, textura homofónica en las secciones A, *stride* en la sección B
>
> Coro 6: Melodía, *rubato*

O de esta forma:

> Introducción: *Rubato*, textura imitada de *"Clair de Lune"* de Debussy
>
> Coro 1: Melodía, balada en estilo negras en Mi bemol mayor
>
> Coro 2: Improvisación en *double-time* en La mayor con acompañamiento *stride*
>
> Coro 3: Improvisación contrapuntística en La mayor (todavía en *double-time*)
>
> Coro 4: Melodía, primera mitad en *double-time* en La mayor, segunda mitad en ritmo normal en Mi bemol mayor
>
> Outro: *Rubato*, regresando a la textura *"Clair de Lune"*

Empieza memorizando diferentes estructuras hasta que se vuelvan recursos confiables para diferentes estilos. Cuando las indicaciones predeterminadas quedan bien con un tema en particular, crea un arreglo con identidad propia y practícalo hasta que todas las transiciones sean suaves y fáciles.

Por supuesto, no todas las interpretaciones deben incluir contrastes extremos. Por ejemplo, cuando Mulgrew Miller toca *"Jordu"* en su álbum *Solo,* la fuerza de la interpretación yace no solo en los cambios de orquestación, transposición o subdivisión rítmica, pero en el esplendor de su improvisación en la mano derecha. Coro tras coro, acompaña escasamente con la izquierda y toca melodías de notas sueltas en la derecha, aún así su interpretación es increíblemente convincente ya que la improvisación es muy fuerte.

CONSEJOS DE JEREMY: ENFOCÁNDOSE EN LA EMOCIÓN

A pesar de que este libro ha presentado un enfoque técnico y teórico sobre como aprender a tocar piano solo, quiero concluir con algunas ideas sobre como construir una interpretación basada en la emoción de la pieza. Después de todo, la belleza del piano solo yace en que el intérprete puede decir la verdad con su música de una forma íntima sin necesidad de asistencia o aprobación de nadie más.

El pianista debería elegir la tonalidad que considere mejor. En lugar de conformarse por la tonalidad en la que se toca comúnmente, puede experimentar con diferentes tonalidades para ver donde suena mejor en el piano. Hay muchas consideraciones al elegir una tonalidad. Si la melodía está ubicada en un registro más alto, sería posible alcanzar notas más bajas? Que cantante interpretaría la pieza, una soprano o un tenor? El carácter de la pieza se siente mejor en la oscuridad de una tonalidad con bemoles o la claridad de una tonalidad con sostenidos? La pieza evoca otras piezas conocidas de otras tradiciones musicales, como clásica o pop?

Siguiente, si la pieza contiene letra, aprende las letras y piensa en ellas. Escucha a los grandes cantantes para ver como interpretan las letras del tema en cuestión y de otros. El pianista debería elegir canciones con letra que son relevantes a su vida y pensar como la letra se siente importante. Las canciones con letra deberían ser tocados en tempos donde el pianista y el oyente puedan cantar la letra en sus cabezas.

Si la canción tiene letra o no, elige un adjetivo o imagen asociada con la pieza. Si existe información biográfica disponible acerca del compositor o del musical del cual se origina, haz una investigación y utiliza esa información para ayudar a crear esa imagen. No hay un carácter correcto para una pieza, y los pianistas deberían experimentar con diferentes interpretaciones. Por ejemplo, *"All the Things You Are"* podría ser interpretado enfocándose en adjetivos como "acelerado", "inquietante", "translúcido", "ansioso" o "exuberante".

A pesar de que creo en la importancia de dominar las técnicas presentadas en este libro, descubrí que toco mejor cuando no estoy pensando en las técnicas pianísticas, tampoco cuando me siento motivado por los grandes artistas que me inspiran. Toco mejor cuando estoy bien enfocado en un algún tema emocional. Momentos en donde la emoción honesta prevalece son la recompensa por todas las horas de práctica y preparación. Estos momentos emocionales son los que me permiten soltarme y simplemente disfrutar de la música.

Para un estudio más profundo

Barron, Kenny. "Skylark." *Live at Maybeck Recital Hall Volume Ten*. Concord, 1991.
Corea, Chick. "Lush Life." *Expressions*. GRP, 1994.
Ellington, Duke. "Sophisticated Lady / Solitude." *Live at the Whitney*. GRP, 1995.
Evans, Bill. "Here's that Rainy Day." *Alone*. Verve, 1970.
Hamasayan, Tigran. "What the Waves Brought." *A Fable*. Decca, 2011.
Hersch, Fred. "Whisper Not." *Songs Without Words, Vol. 3*. Nonesuch, 2001.
Hines, Earl. *Live at the New School*. Chiaroscuro, 1988.
Jones, Hank. "The Very Thought of You." *Live at Maybeck Recital Hall, Volume Sixteen*. Concord, 1992.
Mehldau, Brad. "Get Happy." *10 Years Solo Live*. Nonesuch, 2015.
Miller, Mulgrew. "Jordu." *Solo*. Space Time Records, 2000.
Peterson, Oscar. "Perdido." *My Favorite Instrument: Exclusively for My Friends*. MPS, 1968.
Walton, Cedar. "Just in Time." *Blues for Myself*. Red Records, 2008.

APÉNDICE

CINCUENTA ÁLBUMES RECOMENDADOS DE SOLO JAZZ PIANO

Allen, Geri. *Flying Toward the Sound*. Motema, 2010.

Barron, Kenny. *At the* Piano. Xanadu, 1981.

Blake, Ran. *Duke Dreams*. Soul Note, 1981.

Bley, Paul. *Open to Love*. ECM, 1972.

Brackeen, Joanne. *Popsicle Illusion, Mythical Magic*. Arkadia, 2000.

Bryant, Ray. *Alone with the Blues*. New Jazz, 1959.

Byard, Jaki. *Parisian Solos*. Futura, 1971.

Carrothers, Bill. *Civil War Diaries*. Illusions, 2005.

Corea, Chick. *Children's Songs*. ECM, 1984.

Corea, Chick. *Expressions*. GRP, 1994.

Crispell, Marilyn. *Vignettes*. ECM, 2007.

Davis, Kris. *Aeriol Piano*. Clean Feed, 2001.

Ellington, Duke. *Live at the Whitney*. Impulse, 1972.

Evans, Bill. *Alone*. Verve, 1968

Garner, Erroll. *Afternoon of an Elf*. Mercury, 1955.

Green, Benny. *Green's Blues*. Telarc, 2001.

Hamasayan, Tigran. *A Fable*. Verve/Emarcy, 2011.

Hancock, Herbie. *The Piano*. CBS/Sony, 1979.

Harris, Barry. *Listen to Barry Harris*. Riverside, 1960.

Harris, Gene. *Live at Maybeck Recital Hall*. Concord, 1993.

Hersch, Fred. *Songs Without Words*. Nonesuch, 2001.

Hersch, Fred. *Plays Jobim*. Sunnyside, 2009.

Hines, Earl. *Plays Cole Porter*. Swaggie, 1975.

Ibrahim, Abdullah. *African Dawn*. Enja, 1969.

Jarrett, Keith. *The Melody at Night, with You*. ECM, 1998.

Jarrett, Keith. *The Koln Concert*. ECM, 1975.

Jarrett, Keith. *The Sun Bear Concerts*. ECM, 1976.

Jones, Hank. *Live at Maybeck Recital Hall*. Concord, 1992.

Jones, Hank. *Tiptoe Tapdance*. Galaxy, 1978.

Lande, Art. *Art Lande Plays Monk - Friday the 13th*. Vartan Jazz, 1996.

McKenna, Dave. *Solo Piano*. Chiaroscuro, 1973.

McPartland, Marian. *Willow Creek and Other Ballads*. Concord, 1985.

Mehldau, Brad. *Elegiac Cycle*. Warner Bros., 1998.

Mehldau, Brad. *10 Years Solo Live*. Nonesuch, 2015.

Miller, Mulgrew. *Solos*. Space Time Records, 2010.

Monk, Thelonious. *Solo Monk*. Columbia, 1965.

Monk, Thelonious. *Alone in San Francisco*, 1959.

Peterson, Oscar. *My Favorite Instrument: Exclusively for My Friends*. MPS, 1968.

Peterson, Oscar. *Tracks*. MPS, 1970.

Rubalcaba, Gonzalo. *Fé*. 5Passion, 2011.

Simcock, Gwilym. *Good Days at Schloss Elmau*. ACT Music, 2011.

Taborn, Craig. *Avenging Angel*. ECM, 2011.

Tatum, Art. *20th Century Piano Genius*. Verve, 1996.

Taylor, Cecil. *Silent Tongues*. Arista, Freedom, 1975.

Taylor, John. *Songs and Variations*. CAM Jazz, 2005.

Tristano, Lennie. *The New Tristano*. Atlantic, 1962.

Tyner, McCoy. *Soliloquy*. Blue Note, 1992.

Uehara, Hiromi. *Place to Be*. Telarc, 2009.

Walton, Cedar. *Blues for Myself*. Red Record, 1987.

Wilson, Teddy. *With Billie in Mind*. Chiaroscuro, 1972.

For a listing of more than five hundred solo jazz piano albums, visit www.jeremysiskind.com.

GLOSARIO

acompañamiento al estilo Freddie Green – negras repetidas en un mismo registro (16)

acompañamiento con *fill* – es un acompañamiento más activo, melodías simples que se crean moviendo la nota más alta del voicing, o interjecciones melódicas improvisadas que se usan para agregar más interés en espacios abiertos (34)

acompañamiento corto – nota staccato que debería tener la duración y volumen de la escobilla tocando el *snare* (35)

acompañamiento homofónico – repetición de acordes de la mano izquierda en el mismo ritmo que la melodía (44)

acompañamiento largo – acompañamiento que se mantiene hasta tocar el siguiente acorde, que se logra con el *legato* de dedos o con pedal (35)

acompañamiento *Peace Piece* – patrón de *stride* bajo-alto-alto-bajo, popularizado por Bill Evans (15)

acorde de séptima disminuida (vii°7) – acorde disminuido basado en el séptimo grado del acorde al cual resuelve (20)

acorde disminuido con nota en común – acorde disminuido que se basa en la misma tónica del acorde primario, que adorna el acorde principal o retrasa su resolución (21)

acorde disminuido de paso – acorde disminuido que armoniza las notas del bajo cuando se mueven entre notas del acorde (20)

acordes repetidos – acordes idénticos que se acompañan en dos corcheas consecutivas (38)

acorde simétrico – acorde el cual su patrón interválico repite *ad infinitum* (21)

acorde sus – acorde en el cual la cuarta reemplaza a la tercera (67)

aiming – rearmonizar al elegir un acorde como objetivo y luego agregar otros acordes que lleven lógicamente a tal resolución (128)

anticipación – tocar una corchea anticipada, generalmente moviéndose desde un tiempo fuerte a uno débil (17)

armónico – una nota alta que es un sobretono de la nota original, que se produce al colocar el dedo en los espacios que se encuentran entre las cuerdas que se dividen en proporciones matemáticas precisas (150)

arpegiar – técnica de *stride* en la cual notas del acorde son tocadas consecutivamente en vez de simultáneamente (13)

arpegio – una cascada que presenta las notas del acorde a través de varias octavas (21)

arpegios en bloque – tocar arpegios como acordes antes de separarlos lentamente en sus partes componentes (126)

aumentar – duplicar el valor de las notas de un ritmo (84)

back-phrasing – tocar la melodía con un retraso rítmico significativo (106)

balada al estilo ECM – estilo de balada en negras con las negras en los tiempos débiles (111)

balada en corcheas continuas – balada con una textura de corcheas fluidas (110)

balada en negras – estilo de balada en corcheas continuas en el cual una negra repetida suavemente en la voz tenor o alto sirve como unidad rítmica (101)

balada rubato *stop-start* – estilo de balada en la cual el pianista inserta *commentary* entre frases melódicas (117)

balada *stride piano* – canción a un *tempo* lento ejecutada con un estilo *stride* en la mano izquierda (25)

balada tango – estilo de balada que agrega una línea de bajo estilo tango en la mano izquierda a negras en los tiempos débiles en la mano derecha (112)

balada vals – estilo de balada en tres-cuartos (113)

bell tone – octava en el rango superior del piano que es usada como *fill* en la balada rubato (118)

boogie-woogie – estilo que emplea muchos patrones repetitivos de mano izquierda, generalmente utilizados sobre una progresión de blues (46)

bossa nova – estilo brasileño lento caracterizado por un acompañamiento que combina los tiempos fuertes y débiles (113)

break – momento en la tradición *stride* en el que la mano izquierda para el *stride* de un lado a otro para agregar un `fill` en la mano derecha (21)

cambiar subdivisiones rítmicas – crear una forma a través del énfasis de una unidad rítmica particular (166)

charleston – patrón de acompañamiento que cae en el primer pulso y el final del segundo (32)

charleston **a la inversa** – patrón de acompañamiento que cae en el final del primer pulso y en el tercero (32)

choro – estilo brasileño análogo al *ragtime* americano (30)

círculo de quintas – el movimiento más común en la armonía occidental, en el cual la tónica se mueve una quinta hacia abajo o una cuarta hacia arriba (12)

círculo de quintas diatónico (mayor) – progresión consistente en acordes dentro de la tonalidad con tónicas descendiendo por quintas diatónicas, incluyendo una quinta disminuida entre el cuarto y séptimo grados de la escala (128)

círculo de quintas diatónico (menor) – progresión consistente en acordes dentro de una tonalidad menor con tónicas descendiendo por quintas diatónicas. Debido a que las diferentes escalas menores utilizan diferentes sextas y séptimas, existen varios caminos a través del círculo de quintas diatónico en menor (128)

clímax melódico – típicamente la nota más alta de la melodía, usualmente se encuentra cuatro a ocho compases antes del final de un pieza musical (74)

comping – acompañamiento improvisado del pianista de jazz (32)

conducción de voces *(voice leading)* – consideración de melodía lineales dentro de un movimiento armónico (10)

contramelodía – melodía que complementa la melodía primaria y mantiene su propia identidad melódica (151)

contrapunto de especies – técnica tradicional para escribir dos o más melodías juntas (151)

contrapunto homofónico – textura en la cual múltiples melodías, tocadas simultáneamente, están entrelazadas intencionalmente para insinuar la armonía (62)

corner thumb – habilidad del pulgar para tocar fácilmente dos teclas blancas consecutivas en simultáneo o dos teclas negras al mismo tiempo (73)

cromático – utilizando semitonos (14)

décima – una octava más una tercera (9)

díada – acorde de dos notas frecuentemente utilizado para rellenar la armonía en la improvisación de la mano derecha mientras que la mano izquierda toca el bajo (47)

diatónico – utiliza las notas de la escala o modo sin notas accidentales agregadas (14)

doble bordadura – adorno que se aproxima a la nota deseada utilizando semitonos desde arriba y abajo (43)

double-time feel – lo que resulta cuando el pianista toca como si el tempo se hubiera duplicado pero sin cambiar la rítmica de los acordes (27)

duplicación – repetición de una nota en un *voicing* (67)

el juego congelado – herramienta de práctica que ayuda a los pianistas a encontrar acordes más densos rápida y efectivamente (83)

enarmónicamente equivalente – misma nota en el teclado pero con diferentes nombres (10)

escala de bebop – una escala mayor con la sexta menor agregada (54)

escala octatónica – escala de ocho notas que alterna semitonos y tonos (57)

escala octatónica por tono/semitono – alternancia entre tonos y semitonos desde la tónica del acorde empezando por un tono (76)

extensiones (notas de color) – notas opcionales como la quinta, novena, oncena y trecena (9)

feeling **de cuatro** – estilo en el que el bajo toca cuatro notas por compás (11)

feeling **de dos** – estilo de bajo en el cual el bajo toca dos blancas por compás (11)

forward-phrasing - tocar la melodía antes de lo escrito rítmicamente (107)

gesto *push-off* – técnica que permite al pianista tocar dos acordes repetidos sin espacio en el medio (45)

ghosting – presionar las teclas lenta y suavemente de manera que los martillos no golpeen las cuerdas para producir sonido (116)

grados esenciales – la tercera y séptima, las cuales están incluidas en casi todos los acordes de jazz (9)

grupillo - división inusual del pulso como tresillos o quintillos (28)

hemiola – agrupación que no cabe equitativamente dentro del compás (22)

inversión – acorde con una nota diferente a la tónica en el bajo (80)

invirtiendo – cambiar las partes de la mano izquierda con la derecha y viceversa (152)

lead-in – gesto musical que suavemente hace regresar la música de un *break* (21)

límites de intervalos bajos – concepto de que a medida que los pianistas tocan en un rango más grave, pocos intervalos suenan armoniosos (9)

línea de bajo con *broken-feel* – una línea de bajo que describe la armonía sin un patrón rítmico repetitivo (49)

medio pedal – soltar el pedal parcialmente (108)

medley – interpretación que combina múltiples canciones unidas como uno (169)

melodía compuesta – melodía diatónica que insinúa múltiples melodías simultáneas (142)

metiendo el meñique por debajo – estilo de digitación en la cual el quinto dedo pasa por debajo del cuarto para facilitar un descenso melódico *legato* (92)

modulación métrica – transición hacia otro tempo o compás que se logra al cambiar el valor de la negra (29)

movimiento contrario – movimiento en direcciones opuestas (15)

movimiento directo – movimiento en la misma dirección usando diferentes intervalos (156)

movimiento paralelo – movimiento en la misma dirección (15)

notas alteradas – notas que se encuentran un semitono de distancia de la quinta o novena en acordes dominantes, como la quinta bemol o novena sostenido (10)

nota *anchor* – nota que el pianista puede localizar de forma segura y que sirve como base para localizar notas circundantes (19)

nota fantasma – nota que no se escucha en su totalidad pero que cumple una función de mantener el ritmo (56)

nota pedal – herramienta de rearmonización en la cual el bajo se mantiene igual mientras que los acordes cambian por arriba (133)

novena menor – intervalo de una octava mas un semitono, que debe evitarse en *voicings* en manos juntas (67)

octavas dobles – técnica en la cual el pianista toca melodías idénticas en ambas manos, típicamente con una octava en el medio para una mayor resonancia (60)

ornamento – primera parte de un *break* de tres partes que incluye un mordente, *enclosure*, o *lead-in* cromático que decora la nota inicial (21)

ostinato- figura musical repetida (50)

outlining – proceso de simplificar la música a su estructura más básica para encontrar su esencia subyacente antes de agregar los detalles musicales (97)

partido alto – literalmente "parte media", patrón de acompañamiento típico de la bossa nova y la samba (113)

patrón de escala – set de intervalos repetidos aplicados a una escala (119)

patrón de *stride* – fórmula para moverse entre las expresiones más bajas y altas del acorde (15)

patrón Red Garland – patrón de acompañamiento que cae en el final del cuarto y segundo pulso, anticipando armonías que cambian en el primer y tercer pulso, respectivamente (33)

peace-piece **a la inversa** – patrón de *stride* bajo-bajo-alto (15)

pedal *fortepiano* – efecto del pedal que se logra al tocar staccato, acorde acentuado y usando el pedal solo después de que el sonido empiece a decaer, produciéndose un ataque ruidoso pero con el *sustain* suave (37)

pedal *sostenuto* – pedal del medio del piano que sostiene las notas presionadas cuando el pedal está presionado pero permite que otras notas sean ejecutadas sin el *sustain* (148)

personalizar la melodía - variar levemente la melodía (85)

piano espejo – forma especial de contrapunto homofónico que empareja notas simétricas alrededor de los dos puntos de simetría del teclado (63)

piano preparado – técnica extendida en la cual objetos como masilla, tornillos y papel se colocan encima de las cuerdas (149)

pizzicato – pulsar las cuerdas en lugar de usar el arco para instrumentos de cuerda (147)

planing – transposición precisa de los intervalos de un *voicing* (58)

pregunta-respuesta – estilo en el cual la mano izquierda se vuelve más activa a la vez que la derecha menos activa y vice versa (43)

progresión dos-cinco-uno (ii-V-I) – la progresión más común en jazz que comprime los acordes diatónicos de séptima sobre el segundo, quinto y primer grado (10)

progresión tres-seis-dos-cinco (iii-vi-ii-V) – progresión de acordes compuesta por los últimos cuatro acordes en el círculo diatónico de quintas (128)

punto de *turn-around* – momento en que la melodía cambia de un contorno ascendente a uno descendente, o vice versa (44)

rearmonización – cambiar la armonía de una progresión al agregar, reemplazar y remover acordes (128)

ragtime – versión temprana del *stride* piano primariamente escrito en lugar de improvisado (8)

repeticiones de octavas – reiteración del mismo acorde o frase corta abajo y arriba en el piano, utilizado como herramienta de *commentary* en baladas rubato (124)

ritmo armónico – frecuencia en la que cambian los acordes de una canción (33)

scoop – lead-in desde abajo que consiste de múltiples semitonos (56)

shell voicing – voicing que coloca la tercera y séptima en la mano izquierda (35)

sidestep dos-cinco (ii-V) – múltiples progresiones de dos-cinco consecutivas separadas por semitonos (129)

sidestepping – técnica en la cual el pianista resuelve un *voicing* por un semitono luego de introducir el mismo voicing transportado un semitono de distancia (39)

silencio en el primer tiempo – patrón de *stride* en el cual el pianista deja un silencio en el primer pulso antes de terminar el compás con alto-bajo-alto (15)

skip beat – nota en el tiempo débil que lleva al siguiente tiempo fuerte (14)

slide – conexión entre dos notas por dos o mas semitonos (56)

stride piano – estilo pianístico en el cual la izquierda alterna entre las expresiones más bajas y altas de la progresión de acordes (8)

stride a la inversa – patrón de *stride* alto-bajo-alto-bajo (15)

sustitución tritonal – sustitución de acorde en la cual el pianista reemplaza el acorde de séptima dominante con la dominante un tritono de distancia (89)

técnica de armonización de la melodía – conjunto de reglas para crear voicings en manos juntas (66)

técnica extendida – manera de usar el piano para producir sonidos que no fueron diseñados originalmente para el instrumento (149)

tensión – nota introducida en el pulso para crear suspenso y que necesita una resolución (102)

terceras apiladas – patrón interválico de un acorde de séptima en estado fundamental (67)

textura – forma en que la melodía y los acordes son presentados en el piano (141)

textura en manos juntas – textura pianística en la cual el patrón de acompañamiento es compartido entre las manos (159)

textura homofónica – textura en la cual todas las partes son tocadas simultáneamente (88)

textura movimiento perpetuo – enfoque pianístico en el cual una subdivisión específica es utilizada por una o dos manos sin pausa (159)

textura percusiva – textura pianística en la cual ambas manos tocan acordes repetidos (163)

textura puntilista – textura pianística en la cual las notas a simple vista parecen tener poca relación pero juntas crean una estructura (163)

tiempos débiles – segundo y cuarto tiempo en un compás de cuatro-cuartos (8)

tiempo fuerte – pulsos uno y tres en un compás de 4/4 (8)

tonalización – técnica en la cual el pianista introduce el acorde dominante (V7) del acorde a resolver y luego resuelve ese acorde dominante a su objetivo final (40)

tres mas tres mas dos – patrón de ocho pulsos consistente en dos compases de acompañamiento de vals (bajo-alto-alto) y luego un patrón de bajo-alto (15)

turn – ornamento que adorna una nota lead-in usando grados superiores o inferiores (43)

vals – *stride piano* con un patrón de bajo-alto-alto (24)

vals jazz – piano *stride* con un patrón de bajo-alto-bajo, anticipando el segundo tiempo (24)

voces no adyacentes – voces soprano, tenor, alto y bajo en una textura a cuatro voces (155)

voicing – dar más volúmen a una nota específica de un acorde (29)

voicing **cuartal** – *voicing* que apila cuartas diatónicas (58)

voicing **de posición cerrada** – *voicing* que se extiende por una octava o menos, típicamente de cinco notas con la nota más baja duplicando la más alta (23, 54)

voicing drop two – *voicing* de cuatro notas que generalmente incluye una novena o décima entre las notas más bajas y altas (55)

voicing **en manos juntas** – *voicing* en la cual algunas de las notas están en la mano derecha y otras en la izquierda (66)

voicing **modal** – *voicing* que tiene la misma cantidad intervalos diatónicos sin importar en que note empiece (58)

voicing **paralelo** – *voicing* que mantiene la misma estructura intervática (49)

voicing So What – *voicing* de cinco notas que apila tres intervalos de cuarta desde abajo y una tercera por arriba (58)

voz – línea melódica en textura contrapuntística (151)

walking bass – ver *feeling* de cuatro (11)

walking **en décimas** – estilo de *stride piano* en la cual el pianista agrega décimas arriba del walking bass (11)

walk up y *walk down* – patrones de bajo que crean conexiones por grados conjuntos entre acordes moviéndose en el círculo de quintas (12)

www.ingramcontent.com/pod-product-compliance
Lightning Source LLC
Chambersburg PA
CBHW081417090426

42738CB00017B/3400